GOTT ist eine von uns

Wolfram Kerner

GOTT ist eine von uns

Gottes Gegenwart
nachdenken mit Humor

Querdachten Nr. 3

TheoLogo

Bibliografische Informationen der Deutschen Nationalbibliothek
Die Deutsche Nationalbibliothek verzeichnet diese Publikation in der
Deutschen Nationalbibliografie; detaillierte bibliografische Daten sind
im Internet über http://dnb.dnb.de abrufbar.

© 2021 Wolfram Kerner
www.theologo.org
Einbandgestaltung und Fotos: TheoLogo
Herstellung und Verlag: BoD – Books on Demand, Norderstedt.
ISBN: 9783752899115

Inhaltsverzeichnis

Vorwort: Wenn Bewährtes nicht mehr funktioniert

„… wenn wir nur alle gesund sind!" In der Einleitung zu seiner so betitelten Sammlung jüdischer Witze führt Hans-Werner Wüst aus: „ein guter Witz sollte insbesondere Heiterkeit auslösen; denn Lachen ist seit der Antike als wirksames Heilmittel gegen viele menschliche Leiden bekannt. Außerdem kann ein guter Witz manchmal die schwierigste Gesprächs- oder Verhandlungssituation in Sekundenschnelle ‚entspannen'." Unter anderem aus solchen Gründen gehört ein Witz oder eine humorvolle Anekdote seit Jahren zum festen Bestandteil evangelischer Gottesdienste in Fußgönheim und Schauernheim. Als aber im Frühjahr 2020 der erste Corona-Lockdown dazu führte, dass neben anderen Veranstaltungen auch Gottesdienste nicht mehr stattfinden konnten, mussten wir uns auf die Suche nach anderen Wegen machen, unsere Gemeindeleute mit geistlichen Impulsen und Humor zu erheitern.

Neues starten, ohne die bisher Treuen zu verlieren

Bereits zwei Jahre vor Beginn der Corona-Krise hatten wir in unseren Kirchengemeinden den YouTube-Channel TheoLogo gestartet, wo wir bereits ca. 100 Videos und Tutorials veröffentlicht hatten (erreichbar über www.theologo.de als Weiterleitung zu YouTube). Diese Plattform würden wir auch weiter nutzen, um dort Videos als Gottesdienstersatzstoff anzubieten. Als zum Beispiel vor Ostern klar wurde, dass es keine Abendmahlsgottesdienste in der Kirche geben konnte, produzierten wir kurzerhand zwei Tutorials zum Thema „Abendmahl zu Hause feiern" samt Hausabendmahl-Liturgie zum Download und Making-Of zu praktischen Fragen. Über diese YouTube-Tutorials würden wir sicher auch weiterhin viele Leute erreichen. Jedoch war auch klar, dass wir noch mindestens ein weiteres Publikationsformat bräuchten, um die zu erreichen, die sonst immer gerne zum Gottesdienst gekommen waren, aber nur mäßigen oder gar keinen Zugang zum Internet hatten. Und so entstand folgende Idee: Um auch weiterhin den Kontakt zu unserer älteren Gottesdienstgemeinde zu pflegen, würde ich als Pfarrer unter dem Titel „Alltäglicher und sonntäglicher Humor mit einer Prise Ernst des Lebens" geistliche Impulse mit jeweils passendem Witz schreiben. Diese Impulse sollten im Laufe der Woche zunächst über Facebook veröffentlicht werden. Jeweils freitags wurden die Beiträge dann als doppelseitiges Flugblatt zusammengestellt. Die Flugblätter konnten dann über unsere Gemeindehomepage als PDF heruntergeladen werden, und sie wurden von einer Gruppe von Mitarbeitenden als gedrucktes Flugblatt an ca. 100 Personen, die keinen Internetzugang haben, verteilt.

Mit der Innovation Grenzen ausloten und überschreiten

Ein solcher täglicher Beitrag konnte dann zum Beispiel so klingen: Mit Humor leidvolles Ertragen und Verarbeiten... Wenn man in wohlanständigen und gutbürgerlichen Kreisen Witze erzählt, die sich in die Nähe der erträglichen Schmerzgrenze oder sogar darüber hinausbewegen, dann muss man damit rechnen, dass früher

oder später jemand ermahnt: „Darüber lacht man nicht!"
Wie anders an dieser Stelle doch die jüdische Witz-Kultur gelagert ist! Dort scheint es überhaupt kein Phänomen des persönlichen oder gesellschaftlichen Lebens zu geben, egal wie leidvoll man es erfahren hat, zu dessen Verarbeitung nicht auch ein guter Witz hilfreich sein könnte, wenngleich manche Formen jüdischen Humors uns mit unserer christlich oder auch kirchlich geprägten Anständigkeit und Korrektheit stellenweise fast bedenklich und unerträglich erscheinen mögen – wie in dem Beispiel unten. Also, hart an der Schmerzgrenze oder auch darüber hinaus …

Denn Juden erlebten vielfach das Leid, Flüchtlinge sein zu müssen, von Nazis verfolgt und ermordet und wegen Geldgeschäften diffamiert zu werden. Dennoch haben sie über die Jahrhunderte einen Humor entwickelt, der ihnen offenbar half und weiterhin hilft, all solches zu ertragen und zu verarbeiten; einen Humor, der sie daran erinnert, dass auch die größte Bedrohung einmal „ausgeschissen" haben wird. Und merke: Wer keine Toiletten braucht, der braucht während einer Toilettenpapier-Krise vermutlich auch weniger Klopapier.

Deutschland im Jahre 1948. Der Architekt führt mit einem Beamten des Bauamtes die Schlussabnahme eines gerade fertiggestellten Wohngebäudes durch. Der Beamte fragt: „Wo sind denn hier die Toiletten?" Der Architekt: „Die brauchen wir in diesem Haus nicht. Unten wohnen Flüchtlinge, die rennen wegen jedem Mist aufs Amt. In der Mitte wohnen ehemalige Nazis, die haben ausgeschissen, und oben, da wohnen Spekulanten, die bescheißen sich gegenseitig."

Eine erste Innovation verändert sich und führt zur nächsten

Im Laufe der ersten Wochen veränderte sich dann die Idee: Während in den ersten Tagen die einzelnen Impulse – bezogen auf die täglichen Corona-Krisenherausforderungen – noch thematisch eher unverbunden aufeinander folgten, bekam ab der dritten Woche dann jede Publikationswoche ein Thema, das die einzelnen Beiträge miteinander verband. Als Wochenthema diente fortan der Predigttext, der für den darauffolgenden Sonntag vorgegeben war. Die Idee, für die tägliche Inspiration nicht jeden Tag einen neuen Bibeltext zu wählen, stammt übrigens von Dietrich Bonhoeffer. Er praktizierte dies bereits bei sich im Predigerseminar in Finkenwalde, wo man für die Stille Zeit eine Woche lang denselben Text meditierte. Als es dann so langsam aus dem Lockdown herausging und Gottesdienste wieder möglich wurden, erhielten wir vor allem zwei Rückmeldungen:

- Viele der traditionellen Gottesdienstbesucher wollten aus Vorsicht noch nicht an den Gottesdiensten teilnehmen, gerne aber weiterhin die geistlichen und humorvollen Impulse bekommen.
- Andere hatten von den Flugblättern gehört, in denen aufgrund der Begrenzung auf zwei Seiten aber nie alle Beiträge landen konnten, die auf Facebook erschienen waren, und fragten, ob man die Impulse nicht auch komplett und gesammelt bekommen könnte.

Aus diesen zwei Anfragen entwickelten sich dann die nächsten Ideen: Auch über das Ende des Lockdowns hinaus würde es weiterhin die Impulse als PDF online und als Flugblatt gedruckt und verteilt geben. Und: Eine erste Sammlung der Beiträge samt vielen Farbfotos erschien zu Pfingsten als Buch mit dem Titel „GOTT ist ein Camper", eine zweite Sammlung dann im Herbst mit dem Titel „GOTT ist ein Bauleiter". Die dritte Sammlung halten Sie nun mit diesem Büchlein in Händen …

Getreu dem Leitmotiv „Es gibt so viele Wege mit Gott, wie es Menschen gibt", spiegeln unsere Innovationen und Impulse die Art und Weise wider, wie sich der Weg Gottes durch die Corona-Krise im Glauben und Denken des Autors und seiner Gemeinden zeigt.

Wolfram Kerner

Geheimnis des Glücklichwerdens
(Lukas 19,1-10)

ARSCHLÖCHER – hier und anderswo

Zachäus ist ein Arschloch. Das weiß wirklich jeder hier im Ort. Man sollte es nur nicht zu laut sagen. Er ist nämlich Chef der Zolleinnehmer und Steuereintreiber für die Römer. Und das wäre ja allein schon schlimm genug, weil er eigentlich einer von uns ist, aber mit den Römern gemeinsame Sache macht, um uns auszupressen. Aber das reicht ihm offenbar noch nicht: Er zieht uns ja immer noch viel mehr Geld aus der Tasche als für die Römer eigentlich nötig und steckt es dann in seine Tasche. Zachäus ist nicht nur ein ganz gewöhnliches Arschloch. So wie er uns alle betrügt, ist er ein richtig gemeines Arschloch.

Aber solche Typen gibt es wohl nicht nur hier bei uns, sondern auch anderswo. Zum Glück hat Zachäus seine Strafe schon weg: Ein kleiner Pimpf ist er. Ein Zwerg. Eine Witzfigur, wie er da so mit seinen kurzen Beinchen daherwackelt. Da nützt ihm auch all sein vieles Geld nichts, um das er uns betrogen hat.

Gemeine kleine und große Leute, sollten eben nicht meinen, sie kämen ewig ungestraft mit ihrer Masche durch. Irgendwann rächt sich alles; und manches offenbar schon im Voraus.

BETRÜGER – so oder anders

Zwei Geschäftsleute unterhalten sich auf der Strandpromenade:

"Meine Fabrik ist im vorigen Jahr abgebrannt. Zum Glück war ich aber für zehn Millionen Dollar versichert."

"Mir ist etwas ähnliches passiert: Mein Großmarkt ist vor drei Jahren von einem Orkan verwüstet worden. Auch ich war für viele Millionen versichert."

"Gratuliere! – Aber verraten Sie mir bitte: Wie haben sie es geschafft, den Orkan zu organisieren?"

JESUS hat echt KEINE AHNUNG

Dieser Jesus, der kapiert aber auch gar nichts. Wenn der so ein Prophet wäre, ein Mann Gottes, wie sie sagen, dann müsste der doch wissen, was für ein gottverdammtes Arschloch der Zachäus ist: ein Betrüger, der mit den römischen Unterdrückern kooperiert und nebenher noch ganz dreist in die eigene Tasche steckt.

Wenn Jesus auch nur einen Funken von Moral, Recht und Anstand verstehen würde, dann hätte er dem Zachäus, diesem Gauner, mal eine ordentliche Strafpredigt gehalten und ihn zurechtgewiesen, wie es unsere frommen Priester und Pharisäer gerne tun.

Aber dieser Jesus, der hat offenbar überhaupt keine Ahnung vom Leben. Statt Zachäus zu kritisieren und ihm ordentlich die Leviten zu lesen, macht er einen auf gut Freund mit ihm und geht mit ihm nach Hause zum Essen, Trinken und Feiern. Dieser Jesus kapiert aber auch gar nichts.

Wofür ist denn die Religion noch da, wenn ihre Vertreter solchen Gaunern wie Zachäus nicht vorhalten, was sie alles falsch machen und Besserung einfordern?

Was soll man denn noch von einem Gott erwarten, wenn gewisse Leute vor ihm keine Angst mehr haben brauchen?

Dieser Jesus ist echt durchgedreht.

DIE HÖLLE – JÜDISCHE VARIANTE

Ein Atheist findet sich nach seinem Tod in der Hölle wieder. Doch zu seiner großen Überraschung ist die Situation dort außerordentlich angenehm: Um sich herum sieht er eine idyllische Bucht mit einem herrlichen, von Palmen umsäumten Sandstrand. Das Wasser ist kristallklar. Es weht ein angenehm kühler Wind, und aus dem Hintergrund hört er wohlklingende Musik.

Bei einem ersten Erkundungsspaziergang sieht er am Ende der Bucht im Schatten einer Palme den Teufel höchstpersönlich in einer Hängematte liegen.

"Komm doch einmal für ein paar Minuten zu mir, nimm dir einen Drink und lass uns ein bisschen reden", ruft ihm der Teufel freundlich zu.

Nach einer kurzen, aber geistreichen Unterhaltung verabschiedet sich der Atheist wieder vom Teufel, um seinen kleinen Spaziergang fortzusetzen. Plötzlich sieht er vor sich ein dunkles Loch. Neugierig geht er Schritt für Schritt etwas näher an das Loch heran. Rauch, Flammen sowie lautes Heulen und Wehklagen quellen aus der Tiefe hervor. Verunsichert geht er zum Teufel zurück.

"Es gefällt mir eigentlich sehr gut hier – aber auf der anderen Seite der Bucht, da gibt es so ein dunkles Loch mit schrecklichen Geräuschen. Was ist das?"

Darauf der Teufel:
"Oh, keine Sorge, das ist nur für die Christen – die WOLLEN das so."

JESUS vertickt bestimmt DROGEN

Was hat Jesus dem bloß gegeben, dass dieser selbstzentrierte Egoist Zachäus plötzlich auf die Idee kommt, den Armen hier am Ort zu helfen? Und denen, die er betrogen hat, bietet Zachäus sogar Wiedergutmachung an.

Hat Jesus ein geheimes Wundermittel im Gepäck, mit dem er Leute dazu bekommt, selbstvergessen auch für andere zu leben, ohne die Moralkeule zu schwingen oder Höllenstrafen anzudrohen? Oder mit welcher Droge ist Jesus sonst unterwegs, dass ein stadtbekanntes Arschloch wie Zachäus plötzlich zur Einsicht kommt und sich selbst sieht, wie wir ihn alle längst gesehen haben?

Was hat Jesus nur an sich und was ist sein Geheimnis, dass knauserige Egoisten loslassen lernen und großzügig werden? ... dass Schauspieler die Maske abnehmen und ehrlich glücklich werden?

Was hat Jesus nur an sich?

Das müsste ich mal rausfinden.

FASTEN

Der fromme Jakob unterhält sich mit einem Arbeitskollegen.

Der Kollege: "Und wie wirst du die Feiertage verbringen."

Jakob: "Wir fasten."

Der Kollege: "Fasten?"

Jakob: "Ja – kein Essen, um für unsere Sünden zu büßen."

Der Kollege: "Echt jetzt? Das verstehe ich nicht."

Jakob: "Ganz ehrlich: Ich auch nicht."

DAS GEHEIMNIS DES GLÜCKLICHWERDENS

Jesus, hast du eigentlich magische Kenntnisse oder Fähigkeiten?

Wie bekommst du es hin, dass du selbst fast nichts hast, aber trotzdem den Eindruck vermittelst, du bräuchtest auch nicht mehr und bist unverständlicherweise auch noch glücklich?

Warum bist du so zufrieden mit dir selbst, mit der Welt und mit Gott, obwohl doch bei dir auch nicht alles so läuft, wie es sollte?

Leute reden schlecht über dich, weil du Dinge tust, die sonst keiner macht, der etwas auf sich hält. Du giltst zwar angeblich als frommer Rabbi, aber du genießt das Leben in vollen Zügen und lässt kaum ein Vergnügen aus. Du hängst mit Leuten zusammen ab, von denen die anderen frommen Religionsprofis, Pharisäer und Theologen lieber fein Abstand halten.

Um deinen schlechten Ruf scheinst du dir jedenfalls keine Sorgen zu machen. Sogar bei dem stadtbekannten Arschloch und Betrüger Zachäus bist du eingekehrt und hast mit ihm gefeiert.

Und welches Geheimnis hast du dem Zachäus denn nun anvertraut? Welchen Trick angewandt? Wie hast du ihn dazu bekommen, dass er so plötzlich keine Lust mehr hatte auf seine ganzen Betrügereien und all den Plunder, mit dem er sein armseliges Leben vollgestopft hatte?

Dem Zachäus hast du dieses Geheimnis des Glücklichwerdens offenbar beim Rotweintrinken anvertraut.

Wenn du mal Zeit hast, würde ich mich ja auch mal gerne mit dir treffen und ein paar Becher Rotwein mit dir leeren.

Offenbar habe ich in meinem Leben auch noch zu viel Plunder, der mich nicht wirklich glücklich macht. Und noch zu wenig von deinem Geheimnis begriffen …

GLÜCK MITNEHMEN

Einem reichen Mann wurde mitgeteilt, dass er nur noch wenige Tage zu leben hatte. Seine größte Sorge war nicht das Sterben, sondern sein Reichtum. Er schüttete sein Herz vor Gott aus, und der Herr gestattete ihm (ausnahmsweise), einen Koffer in den Himmel mitzubringen. Der Mann war überglücklich und wies seinen Finanzberater an, Goldbarren bereitzustellen.

Kurze Zeit später starb der Reiche und wurde von Petrus am Himmelstor begrüßt: "Herzlich willkommen. Leider können Sie Ihren Koffer aber nicht mit hineinnehmen."
– "Aber Gott hat mir eine Sondergenehmigung für diesen Koffer erteilt", protestierte der Reiche. Petrus bat den Mann, den Koffer zu öffnen. Als er die Goldbarren sah, sagte er nur verwundert: "Straßenpflaster?! Sie haben Straßenpflaster mitgebracht?"

DRECKIGER GOTT
(1.Mose 2,4b-15)

HERUNTERGEKOMMENER GOTT

Ich hatte immer die Vorstellung, Gott der Schöpfer wäre hoch erhaben, würde sitzen auf seinem himmlischen Thron in aller Herrlichkeit und Sauberkeit. Und wenn es für ihn etwas zu tun gibt, dann spricht er nur ein Wort und es geschieht. Nicht nötig, dass so ein Gott herunterkommen würde auf die Erde, sich wegen irdischer Beschäftigungen herabbeugen und sich die himmlischen Hände schmutzig machen müsste.

Aber dann las ich ganz am Anfang der Bibel: "Da nahm Gott, der HERR, Staub von der Erde und formte daraus den Menschen ..." (1.Mose 2,7).

Gott ist wohl doch ganz anders, als ich es mir vorgestellt hatte: Um den Menschen zu erschaffen, beugt er sich herab und greift in den Dreck, den Staub. So wie ich, als ich das letzte Mal mit unseren Kindern im Sandkasten gespielt, mich hingekniet und mit den Händen in den Dreck, den Sand gegriffen habe.

Die Vorstellung von einem Gott, der sich bei seiner Schöpferarbeit um uns Menschen willen die Hände schmutzig macht, die gefällt mir irgendwie.

Ob Gott sich nach getaner Arbeit auch wieder ordentlich gewaschen hat?

Oder sind Dreck und Staub für ihn am Ende gar kein Makel, von dem man sich möglichst schnell befreien muss, sondern der Stoff, aus dem ein heruntergekommener Gott noch ganz viel Wunderbares erschaffen kann?

ABSOLUT PERFEKT

Ein buckliges Gemeindemitglied pflegte oft zu sagen: "Gott hat wirklich alles großartig und vollkommen gemacht!"

Jemand, der dies hörte, fragte daraufhin den Mann: "Aber du, mit deinem Buckel, gilt das denn auch für dich?"

"Aber selbstverständlich! Als Buckliger bin ich absolut perfekt!"

ARBEIT IM PARADIES

Das Paradies hatte ich mir immer vorgestellt wie ein Schlaraffenland: ein Land, in dem man nichts tun muss, sondern einfach nur faul das Leben genießen kann, weil alles von selbst gedeiht und wächst, was man als Mensch zum Satt- und Glücklichsein braucht.

Dieses Paradies hatte der Mensch – wie jeder weiß – dann leider verloren, und seitdem versucht er nun, es wiederzufinden: im Urlaub vielleicht, wo man faul auf der Matte liegen und das Leben "einfach so" genießen kann.

Mit Entsetzen musste ich jetzt feststellen, dass es dieses Paradies, den Garten Eden, so überhaupt nie gegeben hat. Und so können wir diese Art Paradies auch nicht einfach wiederfinden. Denn vom Paradies heißt es in der Bibel am Anfang ganz lapidar: "Gott, der HERR, brachte also den Menschen in den Garten Eden. Er übertrug ihm die Aufgabe, den Garten zu pflegen und zu schützen." (1.Mose 2,15)

Das ursprüngliche Paradies war nach biblischer Vorstellung also gar kein Ort des ausgedehnten Nichtstuns, sondern da gab es sehr wohl ganz viel ARBEIT: Gartenarbeit nämlich, diesen Garten Eden zu bebauen und zu bewahren. Diese Arbeit muss sich für den Menschen aber doch wohl nach Paradies, also nach Erfüllung, Zufriedenheit und Glück angefühlt haben. Sonst wäre es ja nicht das Paradies gewesen.

Ob auch meine Arbeit hin und wieder paradieshafte Züge gewinnen könnte? Dort, wo ich den Eindruck gewinne, mit Gott daran zu arbeiten, seine Schöpfung, meine Umwelt und meine Mitmenschen "zu pflegen und zu schützen"?

NICHTSTUN

Treffen sich nach langer Zeit zwei Ostfriesen.
Fragt der eine: "Und, was machst du so?"
Meint der andere: "NICHTS!"
"Ah, eine schöne Beschäftigung, aber die Konkurrenz ist bestimmt groß."

GLÜCK trotz VERZICHTS

Und noch eines fällt mir auf, was beim Paradies, wie die Bibel davon redet (1.Mose 2,4ff.), nicht so ist, wie ich mir das perfekte Paradies vorstelle: Gott pflanzte im Paradiesgarten Eden alle möglichen Bäume mit allen möglichen leckeren Früchten, damit der Mensch sie genießen konnte. Dann aber pflanzte Gott auch noch zwei Bäume, den Baum des Lebens und den Baum der Erkenntnis, und erwartete wohl allen Ernstes, dass der Mensch auf den Genuss der Früchte dieser beiden Bäume verzichtet.

Es wird ja nun viel darüber gerätselt, was genau es mit dem "Baum der Erkenntnis" auf sich hat.

21

Viel wesentlicher aber erscheint mir doch diese Frage:
Kann denn das ein Paradies sein, wo der Mensch, der da
lebt, nicht ALLES genießen darf, was es dort gibt, son-
dern auch Verzicht üben soll?
Und wenn der Mensch sich nun doch einmal wünscht,
von einem dieser Bäume zu essen?
Kann denn das ein Paradies sein, wo auch nur EIN
Wunsch des Menschen unerfüllt bleiben muss?
Traut Gott uns Menschen tatsächlich zu, wir könnten
paradieshaft glücklich sein, auch ohne dass wir alles,
was es gibt, zu jedem Zeitpunkt genießen?
Andererseits: Scheitern daran nicht viele persönliche
Glücksprojekte oder glückliche Beziehungen, dass wir
uns Glück nur vorstellen können, wenn darin möglichst
alle unsere Vorstellungen und alle unsere Wünsche erfüllt sind?
Wie wäre das, wenn Gott mir (jetzt schon) das Paradies
meines Lebens anbieten würde, obwohl dabei noch so
manches wäre, auf das ich (noch) verzichten müsste?
Würde ich Gott vertrauen können, dass er mir (jetzt
schon) – trotz Verzichtsoption – mein Lebensglück
gönnt?
Würde ich mein Glück überhaupt erkennen können?

LÄNGER LEBEN durch VERZICHT

Der Arzt zu einem Patienten:
"Können Sie die Wahrheit vertragen?"
"Ja."
"Dann muss ich Ihnen leider sagen, dass Sie in sechs
Monaten tot sein werden."
"Um Gottes Willen! Was soll ich denn jetzt tun? Was
empfehlen Sie mir?"

"Nun, hören Sie sofort mit dem Rauchen auf, stellen Sie das Trinken alkoholischer Getränke ein und brechen Sie sämtliche Kontakte zu Damen ab."

"Und, werde ich dann länger leben?"

"Das zwar nicht, aber es kommt Ihnen zumindest so vor."

GLÜCK bei der DRECKSARBEIT

Die sauber strahlende Wäsche für die sauber strahlende Familie. Solche Vorstellungen des Glücks begleiten uns.

Aber auch nicht erst, seitdem es Werbung gibt.

Für solche Idealbilder des Glücks scheint es Urtypen zu geben. Ein solcher Urtyp größtmöglichen Glücks wurde für unseren Kulturhorizont offenbar von griechischen Philosophen entworfen. Bei allen Varianten scheint der kleinste gemeinsame Nenner folgender zu sein: Größtmögliches Glück soll erreichbar sein, wenn man sich möglichst weit von allem Dreck und Schmutz dieser Welt entfernt – entweder indem man ein möglichst sauberes und leidfreies Leben zum Beispiel als selbstgenügsamer Philosoph führt oder indem man sich zumindest innerlich von allem Dreck und Leid dieser Welt distanziert.

Ganz anders wirkt dagegen die Glücks- und Paradiesvorstellung, die uns am Anfang der hebräischen Bibel vorgeführt wird: Das ideale glückliche Leben besteht nicht nur für den Menschen darin, dass er als Gärtner Drecksarbeit genießen und mit dem einen oder anderen unerfüllten Wunsch zu leben lernen möge. Auch Gott selbst wird so dargestellt, dass er offenbar Freude an der

Drecksarbeit hat, wenn er mit seinen Händen in den Schmutz, den Staub greift und daraus den ersten Menschen formt und diesem mit seinem Atem zugleich sein Leben schenkt: "Da nahm Gott, der HERR, Staub von der Erde, formte daraus den Menschen und blies ihm den Lebensatem in die Nase. So wurde der Mensch ein lebendes Wesen." (1.Mose 2,7)

Gott schafft Glück nach jüdischer Vorstellung nicht dadurch, dass er sich und das Geistig-Seelische möglichst fern vom Irdisch-Körperlichen hält, sondern dadurch, dass er seine Lebenskraft in den Menschen hineingibt. Und so könnte dieser Mensch dann wohl mit diesem Gott zusammen nicht weit entfernt von aller Drecksarbeit, sondern mittendrin im Staub auch sein Glück finden.

Meine bisherigen Vorstellungen vom Glück muss ich wohl noch einmal gründlich überdenken. Und mir um Gottes willen mal wieder etwas mehr Drecksarbeit gönnen …

GLÜCK mit wenig

Ein Handelsreisender besucht während einer Geschäftsreise den örtlichen Gemeinderabbiner, der für seine glückliche Lebensführung bekannt ist. Der Handelsreisende ist allerdings überrascht von der sehr kargen Einrichtung in der Wohnung des Rabbiners: nur ein Schreibtisch, ein Stuhl und ein Bett; sonst keinerlei Möbel.

"Aber Rabbi, gestatten Sie mir die Frage: Wie können Sie mit nur so wenig glücklich sein? Wo sind denn Ihre Möbel?"

Der Rabbi antwortet mit einer Gegenfrage:

"Und wo sind Ihre Möbel?"
"Aber ich bin hier doch nur auf der Durchreise."
Der Rabbi: "Sehen Sie: Ich doch auch."

Verloren gehen und gefunden werden (2.Timotheus 1,6-10)

VERLOREN GEGANGEN

Ich war mal wieder verloren gegangen. Es war am Anfang der Sommerferien, als ich auf das unwiderstehliche Angebot stieß: Die komplette "Game of Thrones"-Taschenbuch-Ausgabe, 5.000 Seiten, für nur 25,- EUR.

Also, zugeschlagen und mit dem Lesen angefangen. Und dann habe ich mich – wie das bei gut geschriebenen Romanen so ist – in der Wirklichkeit der Geschichte immer wieder verloren.

Zum Glück war gerade Urlaub. Und zum Glück gibt es in meiner ganz normalen Alltagswelt nicht so fiese menschliche und brutale übermenschliche Gestalten wie bei "Game of Thrones".

Und immer wieder habe ich beim Lesen die wirkliche Welt um mich herum total vergessen.

Aber dann gibt es ja noch die ganz normalen Familienangehörigen, die einen immer wieder aus solcher Verlorenheit herausholen und erinnern an die normale Wirklichkeit mit Einkaufen, Essenmachen oder Kajakfahren.

Aber nun fiel mir auch auf, dass es mir in meiner Alltagswelt sonst oft genau andersherum ergeht: Eigentlich glaube ich, dass Gott selbst versteckt "hinter" oder verborgen "unter" der für mich sichtbaren Welt gegenwärtig ist und gestaltend wirkt. Aber ich bin oft so verloren in den vordergründigen Geschichten und Problemen meines Alltags, dass ich seine Gegenwart oft ganz vergesse.

Wie bekommt Gott das eigentlich hin, mich herauszu-
holen, wenn ich verloren bin in meiner Oberflächlich-
keit und Vordergründigkeit und ihn so gar nicht mehr
bemerke?

VERLOREN IM VORDERGRÜNDIGEN?

Gespräch zwischen zwei Gemeindemitgliedern:
"Also, du meinst, dass du nur an das glaubst, was du
siehst?"
"Naja, ich glaube eben nur an das, was ich auch VER-
STEHE."
"Nun, dann ist alles klar: Dann verstehe ich, warum du
an nichts glauben kannst."

Nicht FEIGHEIT, sondern KRAFT

Dass das TIME-Magazin George R. R. Martin den
"amerikanischen Tolkien" nennt, das ist bestimmt nicht
übertrieben: sein Fantasy-Epos "Game of Thrones" ist
einfach epochal-phänomenal.
Eines nur gefällt mir bei J. R. R. Tolkiens "Der Herr der
Ringe" doch etwas besser: Bei "Game of Thrones" sind
offenbar alle Protagonisten irgendwie von Ehrsucht,
Machtstreben, Rachsucht, Furcht oder Feigheit geleitet
und verlieren darüber immer wieder Klugheit, Barmherzigkeit und Besonnenheit aus dem Blick. Die Hauptak-
teure beim "Herrn der Ringe" sind dagegen zwar auch
alle keine perfekten Charaktere. Trotz aller ihrer Un-
vollkommenheiten und Begrenzungen ermutigen sich
aber Frodo, Aragorn, Galadriel und Gandalf gegenseitig
immer wieder, nicht der eigenen Furcht oder Feigheit
den Sieg zu lassen, sondern auf verborgene Kräfte zu

hoffen, auf kameradschaftliche Liebe zu setzen und mit Besonnenheit voranzugehen im Kampf um das Gute.

Gott als der große Hintergrund-Autor unserer Weltgeschichte hat offenbar auch schon sehr früh bemerkt, dass wir als Menschen immer wieder solche Orientierungsfiguren gut gebrauchen können, die uns aus unserer vordergründigen Furcht und Feigheit herausrufen und zu einem Leben in tiefgründiger Kraft, Liebe und Besonnenheit einladen. Dazu motivieren mich jedenfalls so Protagonisten wie Dietrich Bonhoeffer, Martin Luther King, Mahatma Gandhi oder der Apostel Paulus.

Und daher hatte Gott wohl auch schon vor Beginn seiner Geschichte mit den Menschen die Idee, einmal selbst in Jesus Christus Mensch und Akteur in seiner Welt zu werden, um uns zu zeigen, was durch seinen Geist so möglich ist: "Denn Gott hat uns nicht einen Geist der Feigheit gegeben, sondern den Geist der Kraft und der Liebe und der Besonnenheit." (2.Timotheus 1,7)

Nicht KRAFT, sondern CHUZPE

Blau verklagt den Grün wegen Beleidigung. Blau behauptet, Grün habe ihm 'Chuzpe' vorgeworfen.

Der Richter kennt das Wort 'Chuzpe' nicht und bittet Grün, es zu erklären.

Grün: "Das Wort 'Chuzpe' ist eigentlich nicht übersetzbar. Am ehesten könnte man es noch mit Frechheit übersetzten. Allerdings ist es keine gewöhnliche Frechheit, sondern Frechheit mit Gewure."

Der Richter: "Was ist denn 'Gewure'?"

Grün: "Gewure ist Kraft."

Der Richter: "Dann ist Chuzpe also eine kräftige Frechheit?"

Grün: "Nein, so kann man es auch wieder nicht sagen; besser wäre Kraft mit Sechel."

Der Richter: "Und was ist 'Sechel'?"

Grün: "Sechel ist Verstand."

Der Richter: "Also dann ist Chuzpe eine kräftige, intelligente Frechheit?"

Grün: "Nicht ganz, Herr Richter, es ist nicht nur Verstand, sondern Verstand mit Taam."

Der Richter: "Schön – und was ist 'Taam'?"

Grün: "Tja, Herr Richter, Taam ist etwas, was man nicht erklären kann."

PROJEKT GESCHEITERT?

Das wünscht man niemandem: Da war man sich so sicher, so überzeugt von der Idee und den ersten Erfahrungen. Klar, es gab auch Widerstände, aber zum Glück auch erste Erfolge und inspirierende Gefährten. Und so startete man durch … mit viel Elan und vielen Hoffnungen …

Und dann passierte es: Die Probleme nahmen zu, die Kritiker wurden mehr, die Zweifler lauter und die Gegner bedrängender.

Corona macht Veranstaltungen und Projekten den Garaus. Aber auch sonst: Pilot- und Feature-Filme selbst von George R. R. Martin wurden nicht produziert, Dietrich Bonhoeffer landete im Gefängnis und der Apostel Paulus auch.

Ist dann der Zeitpunkt gekommen aufzugeben, sich vor Scham zu verkriechen und nicht wieder aufzutauchen?

Der Apostel lädt dazu ein, doch noch etwas länger durchzuhalten, noch etwas weiter zu machen mit dem Glauben, Hoffen und Engagieren: "Schäme dich nicht …, sondern sei bereit, mit mir für die Gute Nachricht zu leiden." (2.Timotheus 1,8)
Wer weiß, was Gott noch so bewegen wird, wenn ich noch etwas weiter gehe? Wer weiß, was noch passieren wird, was ich jetzt noch nicht zu glauben, hoffen, tun vermag?

NACHBARSCHAFT GESCHEITERT?

Frau Grün zum verhassten Nachbarn: "Wenn Sie mein Mann wären, dann würde ich Ihren Kaffee vergiften!"
Der Nachbar: "Und wenn ich Ihr Mann wäre, dann würde ich ihn auch trinken!"

TODE UND GNADE

Die kleinen Tode des Alltags machen mir immer wieder zu schaffen: die Sorge, mein Leben oder das von Familienmitgliedern könnte misslingen; die Furcht, dass ein Missgeschick oder Versäumnis unwiderruflichen Schaden nach sich ziehen könnte, dass ich Ansehen verliere, Zuneigung verspiele oder liebgewonnene Projekte den Tod des Misserfolges sterben.
Und nun soll angeblich Gottes Gnade dem Tod die Macht genommen haben.
Aber wie stelle ich mir diese "Gnade" eigentlich vor?
Man kann sich Gnade ja vorstellen als Erlassung einer Schuld oder als Freispruch von einem Todesurteil. Das wäre dann gewissermaßen eine Art juristische Gnade. Sicher nicht verkehrt; aber das scheint mir gerade etwas weit weg und zu abstrakt.

Man kann sich Gnade ja auch vorstellen als Heilung von einer – vielleicht sogar tödlichen – Krankheit und damit einhergehender Genesung. Das wäre dann eine Art therapeutische Gnade.

Als Gott in Jesus ganz persönlich in die Geschichte seiner Welt eingestiegen ist, da soll es deutlich geworden sein, wie er durch seine Gnade dem großen Tod und den kleinen Toden die Macht genommen hat (2.Timotheus 1,9f.); nicht erst durch Jesu Tod, sondern schon durch sein Leben: durch freundliche Gesten, heilende Berührungen, mutmachende Worte und hoffnungsspendende Zeichenhandlungen.

Woran leide ich und welche Gnade bräuchte ich eigentlich von Gott?

Ich muss mal die Augen offen halten: Ob Gottes Gnade auch in meinem Leben für mich zu finden ist?

ANGST VOR ERNSTHAFTER ERKRANKUNG

Ein 96-jähriger Hypochonder auf dem Sterbebett zu seiner Familie:

"Seht ihr: Da habe ich doch ein Leben lang nicht vergeblich gelitten!"

Langweilige Wunder
(Markus 8,1-9)

LANGWEILIGE PREDIGTTEXTE

Wenn es das Etikett "Langweiliger Predigttext" gäbe, dann wäre die "Speisung der Viertausen" (Markus 8,1ff.) bestimmt ein guter Kandidat dafür:

Die Story ist altbekannt: 4.000 Leute sind bei Jesus, und es ist zu wenig Brot da, um sie satt zu machen. Jesus fordert seine Jünger auf, zu teilen, was sie haben: sieben Brote und ein paar Fische. Und siehe da, plötzlich reicht's für alle.

Die Moral von der Geschichte ist noch altbekannter: Wenn Ihr nicht so egoistisch wärt, sondern mehr teilen würdet, dann hätten auch alle genug!

Und der moralinsaure Schlussappell: Teilt, was Ihr habt, und alles wird gut!

ABER: Weil wir das ja sowieso nicht tun, darum geht es so vielen auf der Welt so schlecht. Und wir, die wir nicht geteilt haben, sollten dann nach der Predigt wenigstens ein schlechtes Gewissen haben. Oder wir sollten – wenn wir das schlechte Gewissen etwas abmildern wollen – zumindest den Vorsatz fassen, es in Zukunft besser zu machen und mehr mit unseren Mitmenschen zu teilen; auch wenn wir jetzt schon ahnen, dass wir diesen Vorsatz nie wirklich in die Tat umsetzen werden …

Das ist echt Mist, wenn man die Geschichte von der Speisung der Viertausend so versteht.

Es braucht einen neuen Ansatz, damit so eine Story nicht als moralinsaurer Appell verkommt, sondern das Wunder, das da erzählt wird, auch heute wieder passiert.

LANGWEILIGE PREDIGTEN

Ein Pfarrer konsultiert einen Psychiater.
Der Psychiater: "Reden Sie im Schlaf?"
Der Pfarrer: "Nein, ich rede, wenn andere schlafen."

WIE HAT JESUS ...

Wie hat Jesus das bloß hingekriegt?
Jesus tat dies Wunder: Da waren 4.000 Leute zusammen. Und obwohl er und seine Jünger kaum etwas zu essen hatten, machte er die Leute satt. Das passierte offenbar nun aber auch nicht ständig. Es wird auch nicht berichtet, dass Jesus danach von Dorf zu Dorf und von Stadt zu Stadt zog, um mit wenigen Mitteln den Hunger zu bekämpfen, indem er Menschen beibrachte, wie sie dauerhaft mit wenig Nahrung viele Leute satt bekämen, weil durch seine Erscheinung nun alle so nett und freigiebig geworden wären.
Nur noch ein weiteres Mal wird berichtet, dass Jesus mit seinen Jüngern etwas Ähnliches vor 5.000 Leuten getan haben soll (Markus 6,30ff.).
Wie hat Jesus das bloß hingekriegt?
Ich wäre damals so gerne dabei gewesen.
Aber jetzt stelle ich mir das andersherum mal vor: Wie wäre das, wenn Jesus heute auftauchen würde, um so ein Wunder zu vollbringen? Was müsste er tun, damit das funktioniert? Was müsste er sagen, damit ich da mitmache?
Was für eine inspirierende Person oder Aktion bräuchte es wohl heute, wenn Leute ohne Brot oder Dach über dem Kopf da stehen, damit ihnen geholfen werden kann,

obwohl die Mittel vorne und hinten einfach nicht ausreichen?

Keine Ahnung.

Wie hat Jesus das bloß hingekriegt?

WIE HAT DER RABBI ...

Ein Chassid zu einem evangelischen Pfarrer:
"Wie kannst du als vernünftiger Mensch nur an die leibliche Auferstehung Jesu glauben?"

Der Pfarrer:
"Aber du als Chassid glaubst doch auch, dass euer Rabbi auf einem Taschentuch einen Fluss überquert hat."

Darauf der Chassid:
"Nun, das ist ja auch wahr!"

Der Pfarrer:
"Und wie hat der Rabbi das wohl hingekriegt?"

SO WIRD DAS NICHTS

Also, nochmal von vorn. Den Jüngern von Jesus muss total klar gewesen sein: "4.000 Leute. Nur sieben Brote und ein paar Fische. So wird das nichts."

Denn man muss sich klarmachen, dass Jesus nicht ständig solche Speisungswunder vollbracht hat. In den dreißig Jahren, die er zuvor gelebt hatte, hat er sich sein Brot offenbar mit ordentlicher Arbeit als Zimmermann verdient – nicht mit Wundern oder Magie herbeigezaubert. Also, vorher war da ca. 30 Jahre lang Wunder-Funkstille.

Aber dann, an dem Tag, da taucht Jesus in einer beklemmenden Situation auf und hat eine waghalsige Idee, die auch ziemlich peinlich hätte ausgehen können – nach

dem Motto: "Hast ja eine ziemlich große Klappe, Zimmermann-Möchtegern-Wunderrabbi! Aber da wird bestimmt keiner mitmachen bei Deiner verrückten Idee."
Aber Jesus muss auf die Jünger bereits einen derart überzeugenden Eindruck gemacht haben, dass sie alle möglicherweise noch vorhandenen Zweifel fahren ließen und den Schritt wagten, bei seinem Experiment dabei zu sein.
Und heute?
Christen meinen ja, Jesus sei auferstanden und nun durch seinen Geist unsichtbar, aber wirksam gegenwärtig. Heißt das, dass auch heute noch solche oder ähnliche Wunder passieren könnten? Also, vielleicht nicht ständig, so dass man sein Brot nicht mehr mit ordentlicher Arbeit verdienen müsste; aber so ab und zu … so alle dreißig Jahre oder so?

SO WIRD DAS WAS

"Unser Rabbi ist vor kurzem in ein tiefes Gewässer gefallen. Schwimmen kann er nicht. Zum Glück hatte er aber zwei Heringe in seiner Tasche. Die nahm er heraus, und siehe da – sie wurden wieder lebendig! Jetzt hielt sich unser Rabbi an den Heringen fest – und die zogen ihn tatsächlich bis ans Ufer!"
"Das glaube ich nicht!" entgegnet ein Zuhörer.
"Aber seht doch selbst: Der Rabbi lebt!"

NORMAL: KEIN WUNDER

Nun ist der Normalfall meines Glaubens und Lebens als Christ wohl eher davon geprägt, dass nicht ständig irgendein tolles Wunder passiert in meinem Alltag.
Oder bekomme ich das einfach nur nicht mit?

Wäre es möglich, dass Jesus auch heute hin und wieder mal ein Wunder in meinem Leben und meiner Umgebung tun würde, ganz unsichtbar und unscheinbar, auch nicht ständig, sondern nur so ab und zu ...

Würde ich das überhaupt mitbekommen? Wäre ich überhaupt offen dafür und würde mich darauf einlassen?

An diesem einen besonderen Tag, da sagte Jesus: "Heute! Da hätte ich mal was Besonderes mit Euch vor. War jetzt 30 Jahre lang nicht der Fall. Aber heute. Heute könnten wir doch mal was Neues ausprobieren."

Wenn er sowas heute zu mir, zu uns, zu seiner Kirche sagen würde …

Würden wir seine Stimme, seinen besonderen Auftrag hören?

Und wenn wir ihn dann hören, würden wir uns auf das Wunder einlassen, mit nur Wenigem ganz Unglaubliches zu erreichen?

BLÖDSINN: WUNDER

Mose und Jesus spielen Golf. Mose macht einen exzellenten Abschlag. Der Ball fliegt mindestens 200 Meter weit!

Jetzt ist Jesus an der Reihe. Der schlägt den Golfball einfach hoch in die Luft. Da kommt ein Adler angeflogen, fängt den Ball und lässt ihn kurz vor dem Grün wieder fallen. Ein Eichhörnchen kommt, hebt den Ball auf und kullert ihn ins Loch.

Darauf dreht sich Mose zu Jesus um und sagt: "Hör mal, sind wir eigentlich hier, um Golf zu spielen oder um Blödsinn zu machen?"

Wahre, nicht einfache Worte
(5. Mose 30,11-14)

WAHRE WORTE – MANGELWARE

Wahre Worte sind Mangelware geworden in einer Medienkultur, die durchsetzt ist von wahlkampftauglichen Fakenews und zurechtgebogenen Karrierewahrheiten. Man hat sich ja leider schon fast daran gewöhnt, dass selbst mächtigste Präsidenten der freien demokratischen Welt mit Lügenmärchen um sich werfen und damit ihre Bevölkerung in die Irre führen. In Corona-Zeiten demonstriert ein amerikanischer Präsident trotz eigener Ansteckung rücksichtslos seine Macht, während gleichzeitig andere Menschen heillos dem Unglück von Infektion und Krankheit ausgesetzt sind.

Wahre Worte sind offenbar eine seltene Kostbarkeit geworden. Müssen wir uns ganz neu um sie bemühen, nach ihnen suchen? Denn wo wahre Worte gefunden werden, da führen sie zugleich auch zum Glück heilvoller Taten.

WORTBEDEUTUNGEN

Im Jahre 1938 in Moskau:
"Vater, bitte erkläre mir: Was ist der Unterschied zwischen einem 'Unglück' und einem 'Unfall'?"
"Das kann ich dir leicht erklären. Wenn zum Beispiel Stalin in einem See ertrinken würde, dann wäre das ein Unfall. Wenn man ihn dann aber retten würde, dann wäre das ein Unglück."

ANGST vor Konflikten

Angst ist ja ein ganz existentiell menschliches Phänomen und die Angst vor Konflikten in aller Welt genauso weit verbreitet wie die Angst der Kinder vor der abendlichen Dunkelheit. Letztere rührt, wie die meisten irgendwann gelernt haben, daher, dass wir als Kinder einfach noch zu wenig gute Erfahrungen mit Nächten und Dunkelheiten gemacht haben. Dieses fehlende Erfahrungswissen wiederum machen sich nun alle möglichen Monster und Schreckgespenster zunutze. Und so erzeugen undefinierbares Unwohlsein gepaart mit dunklen Phantasien unterschiedlichste Ängste nicht nur bei Kindern, die dunkle Kellerräume betreten, sondern auch bei Erwachsenen, die dunkle Familien- oder Berufssituationen fürchten.

Da hilft nur eins: Man muss auf Leute treffen, die – wie früher die eigenen Eltern – einem selbst die vielfach erprobte Erfahrung glaubhaft vermitteln können, dass man vor der Dunkelheit drohender Konflikte keine Angst haben muss, weil diese – wenn gewaltfrei ausgetragen – Licht in manches Dunkel bringen und so zum Frieden führen.

Gerade um Konflikte ranken sich ja ganz viele Ängste des Erwachsenenlebens auf persönlicher wie auf beruflicher oder politischer Ebene. Interessant ist, wie einer der härtesten Konflikte des 20. Jahrhunderts eine Lösung erfahren konnte: Für das Problem der Apartheid, die jahrzehntelange "Rassentrennung" in Südafrika, schien die Lage völlig aussichtslos, keine konstruktive Möglichkeit zur Aufarbeitung in Sicht, kein gangbarer Weg zum Frieden vorstellbar. Wie sich in dieser

Situation die Wende anbahnte, das hat Dirk J. Smit, Theologieprofessor an der Universität Stellenbosch (Südafrika), wiederholt so beschrieben: "In aller Ausweglosigkeit tat sich uns ein Weg zum Frieden auf, als wir anfingen, die Dinge theologisch zu sehen."

Was damit gemeint ist: Licht sollte in die Dunkelheit kommen. Menschen sollten mit ihren Geschichten und mit ihren Erfahrungen gehört werden. Und dann sollte nicht durch Aburteilen und Verdammen die Dunkelheit noch weiter vergrößert werden, sondern durch gegenseitiges Verstehen und wechselseitige Versöhnung sollte ein Licht des Friedens aufleuchten.

Ganz praktisch führte das in Südafrika zur Gründung der "Wahrheits- und Versöhnungskommission", die weltweit als ein Erfolgsmodell gilt, miteinander zerstrittene Gruppen wieder zu vereinen. Denn während Gerichte Menschen dazu ermutigen, ihre Fehler zu bestreiten, laden Wahrheitskommissionen dazu ein, die Wahrheit zu sagen. Während ein Gericht Schuldige bestraft, werden in der Versöhnungskommission Einsichtige miteinander versöhnt.

Die Angst vor Konflikten ist offenbar so alt wie die Menschen selbst; und auch da hilft nur eins: auf Menschen treffen, die einem Mut machen. So wie Jesus es bei seinen Freunden tat, der sich immer wieder viel Zeit für das Gespräch mit ihnen nahm und so einmal zu ihnen sagte: "Dies habe ich mit euch geredet, damit ihr in mir Frieden habt. In der Welt habt ihr Angst; aber seid getrost, ich habe die Welt überwunden." (Johannes 16,33) Und so sagt Gott auch heute zu mir: "Bei Dir ist Dunkelheit, aber ich bringe Dir das Licht. In Deiner

41

Familie oder an Deinem Arbeitsplatz ist Angst, aber ich sorge wieder für Geborgenheit."

Dass das nicht nur fromme Worte sind, kann man lernen nicht nur bei Leuten wie Dirk J. Smit aus Südafrika, sondern auch durch eigene Erfahrung in pfälzischen Dörfern wie Fußgönheim und Schauernheim. Und vielleicht könnte es uns, die wir in solchen Dörfern oder auch anderswo leben, ja ganz praktisch helfen, wenn wir in Gesprächen nicht nur unsere Erfolge im Leben, sondern auch unsere Herausforderungen, Ängste und hilfreiche Rezepte zu deren Bewältigung miteinander teilen.

EHE-REZEPT

Nach vielen Jahren begegnen sich zwei alte Freunde zufällig:

"Was? Du bist seit über 30 Jahren glücklich verheiratet?! Bitte verrate mir: Hast du ein bestimmtes Ehe-Rezept?"

"Nun, das ist eigentlich ganz einfach. Meine Frau und ich pflegen ein kleines Ritual: Wir gehen jede Woche zweimal zum Abendessen in ein schickes Restaurant – meine Frau dienstags und ich freitags."

WEGWEISER ZUM GLÜCK

Schon in alten Zeiten wird von sagenumwobenen Helden berichtet, wie sie sich auf den Weg gemacht haben, um den Göttern zu begegnen, wahre Worte und Glück zu finden.

Ob sie gefunden haben, wonach sie suchten?

Schon in alten Zeiten wird auch von einem Gott berichtet, wie er sich sich auf den Weg zu den Menschen gemacht hat, um ihnen zu begegnen und ihnen zu ihrem Glück seine Worte nahezubringen: "Der Herr, dein Gott, wird dir Glück geben ..." (5.Mose 30,9).

Manche dieser Worte haben Menschen in heiligen Schriften gesammelt, damit andere Suchende sie leichter wiederfinden können.

Ob solche Worte aus heiligen Schriften aber tatsächlich zur Wahrheit führen und das Glück finden helfen?

Das wiederum sollte niemand einfach anderen ungeprüft glauben. Das findet man nämlich am besten heraus, indem man selbst so ein Wort nimmt und im Herzen mit sich trägt und auch im Alltag wirksam werden lässt, indem man es – wie ein Mantra – in sich bewegt.

Anfangen kann man zum Beispiel mit diesem Wort: "Der Herr ist mein Hirte, mir fehlt nichts" (Psalm 23,1)

MIR FEHLT NICHTS

Ein für seine Weisheit bekannter Rabbiner pflegte zu sagen: "Ich habe niemals eine Sache gebraucht, bevor ich sie nicht besaß. Die Tatsache, dass ich sie nicht besaß, war der beste Beweis dafür, dass ich sie auch nicht brauchte."

GEDULD UND SPUCKE (oder Stärke?)

"Wolfram, was musst du noch lernen ...? – Geduld!", so sagte zu mir, als ich Kind war, gerne meine Tante, wenn wir uns trafen und es was zu feiern gab: Geburtstag, Weihnachten oder Zeugnisverleihung. Und natürlich hatte sie dann ein Geschenk dabei: vielleicht ein neues Set von Lego oder Playmobil. Und ich konnte es kaum erwarten, das heiß ersehnte Geschenk endlich in Händen zu halten.

"Wolfram, was musst du noch lernen …? – Geduld!"
Nur, Mangel, unerfüllte Wünsche und damit verbundene Ungeduld, die erleben ja nicht nur Kinder, mit denen haben auch Erwachsene zu kämpfen:

- Wenn in einer Beziehung Unfrieden herrscht, dann wünschen wir, dass lieber früher als später wieder Frieden einkehrt.
- Wenn in Corona-Zeiten bestimmte Begegnungen und Veranstaltungen nicht stattfinden können, dann wünschen wir uns, dass sich das besser nächste Woche und nicht erst in drei Monaten wieder ändert.

Wir haben aber als Menschen nur begrenzte physische und psychische Fähigkeiten und Kräfte. Und vieles, was unter uns geschehen soll, das lässt sich nicht wie bei einer Maschine auf Knopfdruck einschalten oder durch gesteigerte Kraftanstrengung sofort erreichen, sondern das braucht oftmals kleine Schritte und viel Zeit.

So wichtig und erstrebenswert es ist, fit und stark zu sein, und so schön es ist, dass wir so viele Sport- und Fitnessmöglichkeiten haben; im Umgang mit Mangel und Einschränkungen, Unglück oder auch Krankheiten scheint es oftmals hilfreicher und heilsamer, Geduld und Selbstbeherrschung trainiert zu haben. Dann kann ich abwartend glücklich sein und bleiben, selbst wenn die Erfüllung manches Wunsches noch auf sich warten lässt.

—

"Ein Geduldiger ist besser als ein Starker und wer sich selbst beherrscht, besser als einer, der Städte einnimmt." (Sprüche 16,32)

GEDULDIG AUTOFAHREN

"Wie komme ich denn ins nächste Dorf?", fragt ein Autofahrer einen Einheimischen in der Wüste. Der überlegt kurz und sagt: "Da fahren Sie jetzt immer geradeaus, und übermorgen biegen Sie links ab!"

Unheilig heilig
(Epheser 4,22-32)

HEILIG ODER NUR SCHEINHEILIG?

Da sind diese Leute, die den Anschein erwecken, sie wären ganz nah dran an Gott und am Glauben. Und oftmals bekleiden solche Leute auch noch als Priester oder Pfarrer offizielle Ämter, die solche Nähe zu Gott und zum Heiligen in besonderer Weise herausstellen sollen. Wer allerdings genauer hinschaut oder mit der Zeit in vertraulichen Gesprächen erfährt, was von diesen sog. "Heiligen" in unseren Dörfern in der Vergangenheit so hinter verschlossenen Türen an unheiligen Dingen fabriziert wurde, der gewinnt schnell den Eindruck, dass gerade in der Religion nicht selten mehr Schein als Sein zu finden ist. Gerade Würdenträger der Kirche sind in der Vergangenheit dadurch auffällig geworden, dass sie die Würde von Schutzbefohlenen beschädigt haben, so dass man fast zu der Meinung kommen könnte:
Lieber aufrichtig und ehrlich etwas frivol oder obszön leben und bei den Moralaposteln Anstoß erregen, als hinter dem Schleier der Religion, Moral und Anständigkeit die eigenen Abgründe zu verstecken.
Dass in der Gemeinde der Glaubenden oftmals mehr Schein als Sein zu finden ist, das ist aber offenbar kein neues Phänomen. Schon vor langer Zeit schrieb nämlich der Apostel bereits an seine Gemeinde: "Zieht den neuen Menschen an, den Gott nach seinem Bild geschaffen hat und der gerecht und heilig lebt aus der Wahrheit Gottes, an der nichts trügerisch ist." (Epheser 4,24)

Leben in der Wahrheit beginnt wohl damit, dass ich zunächst mir selbst gegenüber ehrlich werde und aufhöre, mit mir selbst (und Gott?) Verstecken zu spielen.

SCHEINHEILIGER VERSTECKSPIELER

Ein Mann kommt zum Pfarrer und erzählt ihm, dass sein Freund eine große Sünde begangen hat. Da sich sein Freund aber schäme, selbst zu ihm zu kommen, habe er ihn gebeten, an seiner Stelle die Vergebung zu erbitten. Der Pfarrer versteht, was da vor sich geht und sagt zu dem Mann: "Ich verstehe deinen Freund nicht: Er hätte doch auch selber zu mir kommen und sagen können, ein Freund habe gesündigt und ihn zu mir geschickt."

NICHTS CHRISTLICHES

Wenn man in der Bibel Texte liest, in denen es um gute Lebensregeln oder hilfreiche Verhaltensweisen geht, so mag man versucht sein zu denken: "Ja, genau. So sollte christliches Verhalten aussehen."
Zum Beispiel (Epheser 4,25.28.31):

- "Legt das Lügen ab und sagt zueinander die Wahrheit."
- "Wer vom Diebstahl gelebt hat, muss jetzt damit aufhören."
- "Schreit einander nicht an! Legt jede feindselige Gesinnung ab!"

Bibelwissenschaftler haben allerdings schon seit Langem darauf hingewiesen, dass an solchen Aufforderungen, schon als die christlichen Apostel sie aufschrieben, überhaupt nichts Christliches war und ist. Denn solche Ratschläge und gute Regeln fanden sich in der Antike auch bei allen möglichen anderen Philosophen, Ethikern oder Rabbinern.

Auch aufgrund dieser Beobachtung trug Dietrich Bonhoeffer in einem Vortrag zu "Grundfragen einer christlichen Ethik" (Barcelona, 1929) die These vor, dass "es christliche Normen und Prinzipien sittlicher Art nicht gibt und nie geben kann" (DBW 10,323).

Wenn es also die Gebote und Regeln an sich nicht sind: Was aber ist dann eigentlich das Christliche an einer christlichen Ethik, wenn es eine solche denn überhaupt gibt?

UNCHRISTLICHE FAHRWEISE

1896 wetterte ein Prediger in Baltimore (USA): "Diese blasenrädrigen Fahrräder sind teuflische Werkzeuge des Dämons der Finsternis. Böse Erfindungen sind's. Nichts als Lug und Trug sind sie. Wer hat aufgeschlagene Knie? Wer hat eine blutige Nase? Wer hat zerrissene Hosen? Jene, die mit dem Fahrrad herumtändeln!"

SCHLICHTWEG GUT FÜR ALLE

Jesus und die Apostel empfahlen bestimmte Regeln oder Verhaltensweisen offenbar nicht darum, weil diese ihnen besonders "christlich" erschienen. Das geht ja schon allein deshalb nicht, weil Jesus nie Christ, sondern Zeit seines Lebens immer Jude war.

Der Jude Jesus also, den seine Jünger später mit guten Gründen als Messias und Sohn Gottes verehrten, und die christlichen Apostel wie Paulus und seine Schüler orientierten sich an bestimmten ethischen Maßstäben (z.B. Epheser 4,22ff.), weil sie der Überzeugung waren, dass diese schlichtweg gut und hilfreich seien für alle Menschen. Und darin stimmten sie in vielen Fällen überein mit ihren nicht-christlichen oder nicht-jüdischen Ethik-Kollegen, die als Philosophen oder Rabbiner ebenfalls auf der Suche nach dem guten Leben waren.

Was bei Jesus oder Paulus und seinen Schülern Neues begegnet, liegt in der Antwort auf die Frage, wie Menschen denn das Gute in einer Situation erkennen und aus welcher Kraft heraus sie das Gute dann auch tatsächlich tun können.

In seinem Barcelona-Vortrag zur Ethik gibt Dietrich Bonhoeffer folgenden Hinweis: "Christus ist der Bringer der Freiheit, frei von der Welt, frei für die Ewigkeit zu werden. ... Durch diese Freiheit aber wird der Christ im ethischen Handeln schöpferisch." (DBW 10,331). In dieser durch Christus geschenkten Freiheit gilt es, sich in jeder Situation im Vollzug des Handelns ganz gegenwärtig vom Geist Gottes leiten zu lassen, so Bonhoeffer: "Der Geist aber, der im ethischen Handeln an uns wirksam ist, soll der Heilige Geist sein. Heiligen Geist gibt es nur in der Gegenwart, in der ethischen Entscheidung, nicht in der festgesetzten Moralvorschrift, im ethischen Prinzip." (DBW 10,333).

Das Neue sind also nicht neue Auffassungen von dem, worin das Gute besteht, worum immer wieder zu ringen sein wird, sondern die Möglichkeit einer neuen Ausrichtung des eigenen Denkens und Lebens durch den Geist Gottes, welcher der Geist Jesu Christi ist.

Das Wesentliche christlicher Ethik oder christlichen Handelns ist also vermutlich am ehesten in diesem Hinweis des Apostels angelegt: "Lasst euch in eurem

Denken erneuern durch den Geist, der euch geschenkt ist." (Epheser 4,23)

EINZIGARTIGER AUFSTEIGER

Während einer Zugfahrt kommen ein katholischer Pfarrer und ein Rabbiner ins Gespräch.

Am Ende der Unterhaltung fragt der Rabbi: "Hochwürden, Sie sind ein so geistreicher und gebildeter Mann, bitte sagen Sie mir: Was für Aufstiegsmöglichkeiten haben Sie eigentlich in Ihrer Kirche?"

"Nun," antwortet der Pfarrer, "ich kann durchaus noch Bischof werden."

"Aber dann ist Ihre Karriere doch zu Ende, nicht wahr?"

Der Pfarrer, etwas verlegen: "Na ja, also Sie sollten nicht denken, dass ich das anstrebe, aber prinzipiell könnte ich auch noch Kardinal werden."

"Ach ja, wirklich sehr interessant – aber dann ist doch Schluss mit Ihren Aufstiegsmöglichkeiten, oder?"

"Also, was reden Sie denn da? Was wollen Sie denn von mir hören? Rein theoretisch könnte ich sogar Papst werden."

"Ja, aber dann ist doch wohl endgültig Schluss?"

Der Pfarrer: "Also, Herr Kollege, ich bitte Sie, kein Mensch kann schließlich Gott werden!"

Darauf der Rabbi: "Nun, einer von unseren Leuten hat es geschafft."

GOTTES GEIST UND KRAFT

Dass es gar nicht so leicht ist, miteinander die richtigen Regeln für gutes Leben und gelingendes Zusammenleben zu finden, ist leicht nachzuvollziehen: Corona-Infektionszahlen steigen und überall wird gefragt und diskutiert, welche Regeln uns helfen könnten, einerseits das Infektionsgeschehen einzudämmen, andererseits aber auch die Wirtschaft und das öffentliche Leben so wenig wie möglich zu beschädigen.

Die Schwierigkeit bei ethischen Entscheidungen besteht ja nicht selten darin, dass nicht absehbar ist, welche Folgen in einer komplexen Situation aus einer bestimmten Handlungsweise entstehen werden. Umso wichtiger erscheint es, immer wieder um Gottes Geist und Weisheit zu bitten: nicht nur für uns selbst, sondern für alle, die in unsicheren Zeiten Entscheidungen treffen müssen, von denen das Wohl anderer abhängt. Und von Gottes Geist dürfen wir tatsächlich erhoffen und erwarten, dass er uns immer wieder Weisheit und Kraft gibt, unser Leben in allen Herausforderungen des Alltags und der Krise heilvoll zu gestalten.

LOCKDOWN? SELBSTGESRPÄCHE!

Ein Rabbi geht während des Lockdowns Spazieren und führt dabei immer laute Selbstgespräche. Als ein Gemeindemitglied den Rabbi wieder einmal mit sich selbst reden hört, fragt er ihn: "Rabbi, mit wem reden Sie eigentlich?"

"Seien Sie bitte still!" antwortet der Rabbi barsch. "Da unterhält man sich mit einem halbwegs intelligenten Menschen – und dann kommen Sie und unterbrechen mich."

Vom Umgang mit Blödem und Nervigem (Matthäus 5,38-48)

VOLL NERVIG

Manchmal ist das Leben voll nervig: Leute nötigen mich, Dinge zu tun, die ich eigentlich gar nicht tun will; und ich mache dann mit, weil ich den schönen Schein wahren will oder einen unangenehmen Konflikt scheue. Das ist bestimmt nicht gut, wenn ich immer Ja und Amen sage zu allen Zumutungen, die mir andere aufbürden. Wenn Leute Unwahres und Einseitiges verbreiten, dann braucht es doch auch Leute, die mal widersprechen und Wahres und ergänzende Perspektiven aufzeigen. Wie man so schön sagt: "Wenn die Klügeren immer nachgeben, regieren am Ende die Dummen die Welt."

Andererseits verstehe ich auch, dass es für ein gelingendes Miteinander nicht selten nötig ist, das man Aggression nicht immer mit einer entsprechenden Gegenreaktion beantwortet. Als Eltern ist uns das völlig klar: Wenn mein Kind mich aus Frust in den Bauch boxt, dann werde ich niemals in gleicher Weise zurückboxen, sondern es auch aushalten, wenn noch ein paar Schläge dazukommen, bis sich Frust und Aggression gelegt haben und wir dann nach konstruktiven Lösungen suchen können.

Und es ist doch eine spannende Frage, inwiefern man das folgende Prinzip dann auch auf den Umgang unter Erwachsenen übertragen kann: "Wenn dich jemand auf die rechte Backe schlägt, dann halte auch die linke hin." (Matthäus 5,38b)

FRUSTRIEREND

Zwei Kinder im Kinderwagen begegnen sich: "Wie bist du eigentlich mit deiner Mutter zufrieden?" – "Es ist frustrierend; am Berg ist sie so langsam!"

LEBEN IN VERSCHIEDENEN SPHÄREN

Wollte man aus der Aufforderung Jesu "Verzichtet auf Gegenwehr, wenn euch jemand Böses tut!" (Matthäus 5,39) ein allgemeines Prinzip machen, so wäre das – so empfinde ich das zumindest – wohl reichlich naiv:

Wenn ich als Arbeitgeber oder Geschäftsführer eines Unternehmens sehe, wie einer Angestellten Unrecht widerfährt, und sie sich selbst nicht angemessen helfen kann, dann bin ich doch verpflichtet, der Mitarbeiterin beizustehen und Übles von ihr fernzuhalten. Keine Gemeinschaft oder Gesellschaft könnte schließlich auf Dauer friedlich zusammenleben, wenn Böses nicht dadurch abgewendet oder eingedämmt wird, dass Übeltäter zur Räson und wieder auf den Weg des Guten gebracht werden, notfalls auch mit Gewalt.

Von dieser Sphäre des öffentlichen und institutionellen Zusammenlebens kann man aber vielleicht sinnvollerweise die Sphäre des eher familiären, privaten und freundschaftlichen Zusammenlebens unterscheiden. Und auf dieser letztgenannten Ebene werde ich wesentlich leichter bereit sein, dem Partner, den Kindern, den Freunden oder Vereinskameraden ihre Marotten und damit verbundenes Fehlverhalten durchgehen zu lassen, wenn mir das größere Ziel wichtiger ist oder der dauerhafte Friede mich zum Einstecken mancher Unannehmlichkeiten motiviert.

MERKWÜRDIGE MAROTTEN

Ein Mann beim Arzt: "Ach, Herr Doktor, meine Familie ist der Meinung, ich sei total verrückt, nur weil ich meine Spiegeleier über alles mag."
"Das ist doch Unsinn, mein Bester. Deswegen ist man doch noch lange nicht verrückt. Ich zum Beispiel mag auch Spiegeleier."
Da hellt sich das Gesicht des Patienten auf: "Das ist ja toll, Herr Doktor. Dann müssen Sie unbedingt mal vorbeikommen und sich meine Sammlung ansehen!"

ZU KURZ KOMMEN

Das ganz große Problem mit der Aufforderung Jesu, auf einseitige Gegenwehr zu verzichten (Matthäus 5,39) oder sogar den Feind zu lieben (5,44), ist doch: Wenn mir Leute schaden, indem sie mir Ruf, Zeit, Gesundheit, Kraft, Ansehen oder Beziehungen beschädigen, dann habe ich die verständliche Furcht, dass ich zu kurz komme und am Ende als Verlierer dastehen werde.
Das kann ich eigentlich nur dann ändern, wenn ich zu der ganz festen und tiefen Gewissheit gelangen könnte, dass im Hintergrund meines Lebens ein großzügiger Jemand oder eine gute Kraft am Werk ist, die für alle Verluste, die ich erleide, einen anderweitigen Ausgleich schafft. Wenn es so eine verborgene Kraft im Universum oder so einen Gott gäbe, der vollkommen großzügig und ungeteilt auf meiner Seite wäre, dann würde es mir selbst vielleicht auch leichter fallen, freundlich zu sein, auch wenn Leute mir unfreundlich begegnen, oder anderen Menschen achtsam zu begegnen, obwohl sie mich verächtlich behandeln.

Dazu wäre es aber nötig, diese Liebe und Großzügigkeit eines verborgenen Gottes, von der Jesus sagt, sie sei vollkommen und ungeteilt (Matthäus 5,48), auch ganz praktisch in meinem Leben zu erfahren.

Hat jemand eine Idee, wie das gehen soll?

GOTT NICHT ENTDECKT

Eine sowjetische Zeitung berichtete, dass ein Kosmonaut nach seinem ersten Ausflug mit dem Raumschiff sagte: "Ich bin einmal um die Erde geflogen. Gott habe ich nicht entdeckt."

Ein sowjetischer Gehirnchirurg antwortete darauf in einem Leserbrief: "Ich habe schon viele kluge Gehirne operiert, dabei aber nirgendwo auch nur einen einzigen Gedanken entdeckt ..."

BLIND FÜR LIEBE

Man sagt oder hört ja manchmal, dass Liebe (oder ist es eher Verliebtsein?) blind machen würde oder dass jemand "blind vor Liebe" sei. Der viel häufigere Fall in meinem eigenen Leben scheint mir jedoch zu sein, dass ich mich eher als blind für Liebe erfahre:

Freundliche und liebevolle Zuwendungen erkenne ich gar nicht erst oder nehme ich als selbstverständlich an, ohne mir darüber viele Gedanken zu machen.

Und mit der Liebe Gottes, von der Jesus sagt, dass Gott sie sowohl bösen wie guten Menschen erweist, indem er es regnen lässt oder seine Sonne scheinen lässt für alle Menschen (Matthäus 5,45), ist es doch oft so: Wenn gerade die Sonne scheint, dann ärgere ich mich, dass es so warm ist und ich so dermaßen schwitzen muss. Wenn es aber regnet, dann finde ich auch das total blöd und ärgere mich, komme aber kaum auf die Idee, darin einen versteckten Liebesbeweis Gottes zu erkennen.

Was würde wohl passieren, wenn ich das mal umdrehe: Wenn gerade alles ganz anders kommt, als ich es geplant und erwartet habe, dann lasse ich mich mal darauf ein und halte die Augen offen, ob sich die verborgene Macht des Guten nicht doch noch durch das Chaos hindurch zu erkennen gibt.

Wenn etwas scheinbar Blödes passiert, dann lasse ich das mal zu, wehre mich nicht dagegen, sondern frage mich ganz still und leise: Könnte sich Gott hier irgendwo versteckt haben, so dass ich seine Liebe noch erkennen werde?

SICH SELBST MISSTRAUEN

Blau und Grün treffen sich zufällig in der Synagoge: "Wieso bist du denn überhaupt in die Synagoge gekommen – du hast mir doch gestern erst gesagt, dass du gar nicht an Gott glaubst?"

"Das stimmt auch. Aber weiß ich denn, ob ich recht habe?"

Ruhe vor dem Chaos
(1.Thessalonicher 5,1-6)

ALLES RUHIG?

Manchmal schon ging es mir so, dass ich in meinem Leben nach einer turbulenten Phase an einen Punkt kam, an dem sich Turbulenzen wieder beruhigten, etwas Ruhe einkehrte, so dass ich dachte oder auch – vielleicht im Gespräch mit meiner Frau – sagte: "Endlich, jetzt ist alles wieder ruhig und sicher."

Und kaum waren diese Worte ausgesprochen, da klingelte das Telefon und der Anrufer übermittelte uns eine Nachricht, die die nächsten Monate oder sogar Jahre durcheinander wirbeln würde.

Das passiert aber offenbar nicht nur im persönlichen Leben so krass, dass man sich in seinem Sicherheitsempfinden derart täuscht und dann aufgeschreckt wird. Unsere ganze Bevölkerung hat vermutlich am Weihnachts- und Silvesterfest 2020 noch gedacht und gesagt: "Alles relativ ruhig und sicher. Mal sehen, was das nächste Jahr bringen wird …"

Informationen über das Virus in China waren wohl schon zu uns gekommen. Aber hier bei uns? Abgesehen vielleicht von ein paar kleineren oder größeren Sorgen und Nöten, die uns persönlich oder gesellschaftlich bewegten: "Alles ruhig und sicher." (1.Thessalonicher 5,3)

Wie man sich doch täuschen kann!

KLEINERE UND GRÖSSERE SORGEN

Der Hauptmann brüllt einen Rekruten an:
"An Ihrer Uniform fehlt ein Knopf!"
Darauf der Rekrut:
"Ihre Sorgen möchte ich haben, Herr Hauptmann."

VERANTWORTUNG UND STRAFE?

Wenn etwas Schlimmes passiert, dann liegt die Frage nach dem "WARUM?" ganz nahe: Warum bin ich beruflich in diese Sackgasse geraten? Habe ich etwas übersehen? Oder sind andere dafür verantwortlich?

Wenn es in einer Beziehung nicht mehr rund läuft, dann wird man sich fragen, wo dafür die Ursachen liegen. Und dann gibt es einerseits Menschen, die sehr schnell die Verantwortung beim anderen suchen, denen man gerne sagen möchte: "Frage Dich doch auch mal selbst ganz ehrlich, welchen Anteil Du an der verfahrenen Situation hast." Andererseits gibt es auch Menschen, die sind so selbstkritisch, dass sie die Verantwortung immer bei sich selbst sehen, denen man gerne sagen möchte: "Man sollte die Schuld nicht nur bei sich selbst, sondern auch mal bei den anderen suchen."

Und wenn man jetzt auch noch an Gott glaubt und plötzlich ein verheerendes Unglück oder eine Pandemie geschieht, muss oder darf man dann auch danach fragen, welchen Anteil Gott an so einer Situation hat?

Warum hat Gott die Pandemie nicht verhindert? Handelt es sich womöglich um ein "vernichtendes Strafgericht Gottes" (1.Thessalonicher 5,3), das da über uns hereinbricht? Oder hat Gott mit der ganzen Sache gar nichts zu tun, sondern das Unglück ist letztlich eine unangenehme Konsequenz unserer modernen Technik und Lebensweise?

Große Fragen.

Viele Antworten sind denkbar.

STURMFLUT

Die Bewohner einer kleinen Insel werden darüber informiert, dass eine Sturmflut innerhalb von 24 Stunden die gesamte Insel überfluten wird.

Ein Entkommen ist nicht mehr möglich, da aufgrund der Wetterbedingungen weder ein Schiff noch ein Hubschrauber die Insel erreichen kann.

Der katholische Pfarrer fordert seine Gemeinde sofort auf, alle Sünden zu beichten, um mit reinem Gewissen den Weg ins Jenseits antreten zu können.

Der evangelische Pfarrer vertröstet seine Gemeinde auf ein besseres Leben in einer anderen Welt.

Der jüdische Rabbi erklärt seiner Gemeinde kurz und bündig:

"Herrschaften! Wir haben jetzt ziemlich genau noch 24 Stunden Zeit, um zu lernen, wie man auch unter Wasser leben kann."

FINSTERNIS UND LICHT

Manchmal wird es im Leben ganz schön dunkel:

- Wenn ein US-Präsident dauerhaft mit Lügen und Unwahrheiten umgeht und eine geordnete Wahl in Gefahr bringt.
- Wenn Konflikte in einem Unternehmen nicht mehr offen angesprochen und ausgetragen werden, sondern nur noch hintenrum intrigiert wird.

- Wenn man in der Familie sich wegduckt und Missstände dauerhaft unter den Teppich gekehrt werden, weil man Angst vor der Auseinandersetzung hat.

Dann wird und bleibt es dunkel.

Und das erscheint zunächst ja auch ganz attraktiv und angenehm. Wer will schon Unangenehmes und Unerträgliches bei anderen und bei sich selbst wahrnehmen und sich dann auch noch damit auseinandersetzen müssen?

Dazu gehört wohl eine ordentliche Portion Mut, sich selbst und der Gemeinschaft, in der man lebt, das zuzumuten: aus solcher trügerischer Finsternis herauszutreten und Licht in Konflikte, Fehlverhalten und Problemlagen zu bringen.

Freundlicher, heller und heilvoller wird es aber in meinem persönlichen und beruflichen Leben sowie in gesellschaftlichen Zusammenhängen wohl nur dann zugehen, wenn immer wieder jemand den Mut findet und sagt: "Ich will nicht mehr der Nacht und Dunkelheit gehören. Ich will dem Licht und dem Tag gehören." (vgl. 1.Thessalonicher 5,5)

GUT UND BÖSE

Zwei alte Pfarrer treffen sich.

"Mit den Jahren", sagt der eine, "erkenne ich immer deutlicher, dass die Menschen sehr wohl zwischen Gut und Böse unterscheiden können."

"Ja," sagt der zweite, "aber nur bei den anderen."

WACH UND AUFMERKSAM

Nach dem ersten Corona-Lockdown und der daraus resultierenden Eindämmung des Infektionsgeschehens schien sich über den Sommer hinweg eine gewisse Entspannung und Lockerheit breit zu machen.

Zu einer gewissen Sorglosigkeit gesellte sich dann bei manchen auch ein gewisser Widerwille gegen Maßnahmen und Verhaltensregeln, die unnötig erschienen, weil konkrete Ansteckungen und Erkrankungen nichts mit einem selbst zu tun hatten.

Doch dann wandelte sich das offenbar ganz deutlich: Seitdem die Fallzahlen drastisch gestiegen waren, blieben sie auch im persönlichen Umfeld nicht mehr nur das: "Zahlen". Aus Zahlen wurden persönliche Erlebnisse in unserer unmittelbaren Nähe, als in der Schule Kinder oder Lehrer positiv getestet wurden und erkrankten und wiederum andere darum in Quarantäne und zum Testzentrum geschickt wurden.

Und spätestens dann merkt hoffentlich auch der Letzte, wie wichtig es ist (und offenbar auch schon lange gewesen wäre), wach, aufmerksam und sorgfältig das eigene Leben zu gestalten.

Dass es grundsätzlich heilsam und hilfreich ist, die eigene Lebensführung aufmerksam zu reflektieren, zu hinterfragen und bei Bedarf nachzusteuern, das gilt aber sicher nicht nur im Umgang mit der Corona-Pandemie, sondern auch in allen anderen Lebensbereichen (vgl. 1.Thessalonicher 5,6):

Wie lebe und rede ich in meinen Beziehungen (ehrlich, gewaltlos, hilfreich)?

Wie arbeite ich in meinem Job (motiviert, engagiert, kollegial)?

ETHIK

David fragt seinen Vater:

"Papa, was versteht man eigentlich unter 'Ethik'?"

"Nun, das kann ich dir leicht erklären: In der Ethik behandelt man die Frage, wie man sich gut und richtig verhalten soll? Zum Beispiel: Gestern hat ein Kunde sein Wechselgeld auf der Ladentheke liegen gelassen; und jetzt frage ich mich, was ich machen soll: Kann ich es für mich behalten oder muss ich es mit meinem Kollegen teilen?"

Wer ist eigentlich klug?
(Lukas 16,1-8)

UNTERIRDISCH DUNKEL

Manchmal gerät man im Leben an Menschen, mit denen man unglaublich frustrierende Erfahrungen machen muss. Manchmal sind diese Erfahrungen so schmerzhaft unterirdisch, dass sie eine ganze Lebensphase in dunkles Dämmerlicht tauchen.

- Wie geht man mit solchen Personen, Ereignissen und Phasen um, die unweigerlich Fragen aufwerfen:
- Warum musste mir diese unangenehme Person über den Weg laufen?
- Warum muss ich diese unangenehmen Erfahrungen machen?
- Wie lange wird diese dunkle Phase noch andauern?

Und was kann ich tun, um möglichst schadlos aus diesem Schlamassel wieder herauszukommen?

Es scheint eine Eigenart jüdischen Humors zu sein, selbst den dunkelsten und schmerzhaftesten Erfahrungen des Lebens und der Geschichte noch auf humorvolle Weise etwas Lehrreiches abgewinnen zu können.

So erzählte Jesus als jüdischer Rabbi beispielsweise ein Gleichnis von einem Verwalter, den er zwar bereits zu Beginn seiner Geschichte als Betrüger vorstellt, dessen Verhalten er aber nichtsdestotrotz wegen seiner Klugheit lobt, und damit die Frage aufwirft, worin denn wahre Klugheit besteht (Lukas 16,1-8).

DUNKEL HUMORVOLL

Eine Geschichte aus einem deutschen Konzentrations-
lager – welches ist unwichtig, eines war wie das andere:
Ein SS-Obersturmführer – wer ist unwichtig, einer war
wie der andere – war wieder einmal sehr lustig; und
wenn so ein Obersturmführer sehr lustig war, war das
für die KZ-Insassen sehr traurig. Und so ließ sich der
Obersturmführer einen kleinen unscheinbaren Juden
kommen und sagte zu ihm:

"Hör jetzt einmal genau zu, Kleiner: Eines meiner beiden Augen ist ein Glasauge, und es ist sicherlich das
beste Glasauge, das man in Deutschland bekommen
kann. Wenn du errätst, welches meiner Augen aus Glas
ist, dann lasse ich dich frei!"

Der Jude sieht den Mann kurz an, dann sagt er:

"Das linke ist das Glasauge."

Der Obersturmführer, sichtlich überrascht:

"Kolossal! Aber woran hast du das denn so schnell er-
kannt?"

"Nun, es sieht so menschlich aus."

FROMM, ABER DUMM

Wenn man TOP-10-Listen der intelligentesten Menschen aller Zeiten durchsieht, so findet man dort Namen
wie Stephen Hawking (Physiker), Paul Allen (Mirco-
soft-Co-Gründer) oder Garry Kasparow (Schachspieler).

Jesus von Nazareth taucht in solchen Listen nicht auf,
und das kommt auch nicht ganz überraschend. Denn mit
seinem Namen verbindet man eher Adjektive wie

fromm, religiös oder barmherzig, kaum aber Attribute wie intelligent, schlau oder klug.

Bei manchen von Jesu Aussagen kann man auch kaum den spontanen Eindruck unterdrücken, dass sie zwar ausgesprochen fromm klingen (weil man sich über die Jahrhunderte daran gewöhnt hat), aber zugleich unglaublich dumm sind (wenn man ihnen unvoreingenommen begegnet). Zum Beispiel, wenn Jesus dazu auffordert, nicht nur Freunde, sondern auch Feinde zu lieben, oder Verliehenes nicht zurückzuerwarten (Lukas 6,27ff.).

Umso überraschender wirkt es, dass Jesus selbst auf dieses Phänomen aufmerksam macht: Im Anschluss an ein Gleichnis, in dem er einen ansonsten durch und durch betrügerischen Verwalter immerhin für seine ausgesprochene Klugheit lobt, weist Jesus nämlich darauf hin, dass Menschen, die ohne Bindung an Gott denken und leben, meist klüger sind, als ihre Mitmenschen, die sich an Gott halten, dafür aber dümmer daherkommen (Lukas 16,8).

Wenn Jesus also selbst auf das Phänomen aufmerksam macht, dass fromm offenbar eher mit dumm zusammengeht als mit klug, dann wirft das doch die Frage auf, ob es Jesus dann wenigstens selbst gelungen ist, solche Weisheiten und Lehren in die Welt zu setzen, die nicht nur fromm klingen, sondern zugleich auch klug sind?

KLUG UND FROMM

Der Rabbi ist in seinem Zimmer und denkt nach.
Im Nebenzimmer unterhalten sich seine Anhänger über ihn:

"Unser Rabbi ist der klügste und intelligenteste Mensch der Welt!"

"Ja, das stimmt, er weiß wirklich alles, ist zugleich auch noch so fromm und im ganzen Land berühmt und geschätzt!"

In einer Gesprächspause hört man plötzlich die laute Stimme des Rabbis aus dem Nebenzimmer:

"Und, spricht denn keiner von meiner grenzenlosen Bescheidenheit?"

KLUG ZUM GLÜCK

Wer ist eigentlich klug?

Klug ist nach einer vereinfachten Definition, wer fähig ist, in einem bestimmten Handlungsfeld unter Berücksichtigung aller für eine Situation relevanten Rahmenbedingungen, Faktoren und Handlungsziele angemessen zu agieren.

Demnach können Menschen in verschiedenen Handlungsfeldern unterschiedlich klug sein: Der intelligenteste Schachspieler wird vermutlich nicht unbedingt zugleich auch klügster Physiker sein.

Sodann wird kluges Handeln immer davon abhängig sein, unter welchen Rahmenbedingungen Menschen denken und handeln: Wer davon ausgehen kann, dass im Wasser verborgene Kräfte wirken, die es ermöglichen, dass man getragen wird (und somit sogar schwimmen kann), wird auf andere Weise klug handeln, wenn ihm das Wasser bis zum Hals steht, als jemand, der vom Auftrieb (und vom Schwimmen) bisher noch keine Kenntnis hat.

Und wenn es um die alte philosophische Frage geht, wie wir als Menschen durch kluges Handeln zu umfassendem Glück gelangen können für uns selbst und die Gemeinschaft, in der wir leben?

Da scheinen die klügsten Köpfe wie Sokrates, Jesus und Gandhi mitunter Ideen zu verbreiten, die nachdenklich stimmen, ob nicht auch sie über Kenntnisse und Einblicke ins Leben verfügten, die uns anderen oftmals noch verborgen sind.

Wenn sie zum Beispiel der Meinung waren …

- dass es mit Blick auf das Glück Schlimmeres zu fürchten gibt als den Tod (Sokrates).
- dass es glücklicher macht, mit den eigenen Möglichkeiten etwas zur Linderung von Elend und Armut beizutragen, als materiellen Reichtum anzuhäufen (Jesus).
- dass gewaltloser Widerstand auf innovative Weise weiter trägt als das alte und oftmals gewalttätige Prinzip "wie du mir, so ich dir" (Gandhi).

Zum Glück gab es so kluge Leute wie Sokrates, Jesus und Gandhi! Wenn wir doch nur mehr von ihnen lernen würden …

GLÜCKLICH TROTZ SCHMERZEN

Ein wegen seiner Klugheit und Bescheidenheit berühmter Rabbiner wurde sein ganzes Leben lang von schweren und sehr schmerzhaften Krankheiten geplagt.

Einmal fragte ihn sein Arzt:

"Rabbi, bitte sagen Sie mir, wie schaffen Sie es nur, mit so viel Geduld so starke Schmerzen zu ertragen und gleichzeitig so glücklich zu wirken?"

Der Rabbi:

"Aber das ist doch ganz einfach. Sehen Sie: Die vergangenen Schmerzen sind doch schon vorbei, und die Schmerzen der Zukunft sind noch nicht da. Es bleiben also nur die Schmerzen in der jetzigen Minute. – Und eine Minute Schmerz kann man doch ertragen, nicht wahr?"

MANCHE HABEN GELD. UND MANCHE SIND REICH.

Wahre Klugheit besteht darin, sich nicht vom Vordergründigen und scheinbar Offensichtlichen täuschen zu lassen, sondern weiter zu fragen, ob es sich nicht anders verhält und wir einer fatalen Täuschung unterliegen.

Im Feld der Astronomie besteht wahre Klugheit beispielsweise darin, sich nicht von dem vordergründigen Eindruck täuschen zu lassen, dass die Erde flach wie ein Scheibe ist und am Horizont die Sonne "aufgeht", sondern weiter zu fragen, ob die Erde nicht doch gekrümmt ist und nicht die Sonne auf-"geht", sondern die Erde sich dreht.

Im Feld der Ökonomie besteht nach Jesu Auffassung wahre Klugheit darin, sich nicht von dem weit verbreiteten Irrtum täuschen zu lassen, dass das Haben und Anhäufen von Geld an sich schon reich machen würde, sondern zu verstehen, dass das "leidige Geld" (Lukas 16,9) letztlich ein Mittel ist, das wir nutzen, investieren, einsetzen, weggeben oder spenden sollten, um dadurch wahren Reichtum in Form von Freundschaft, Mitmenschlichkeit, Gesundheit, Barmherzigkeit, Fairness und Gerechtigkeit zu befördern. Denn erst dadurch würden wir wahrhaftigen Reichtum und tiefes Glück in Zeit und Ewigkeit gewinnen.

Wenn Geld, Reichtum, Gerechtigkeit und Glück zusammenfinden sollen, dann empfiehlt es sich also, bei solchen klugen Leuten zu lernen, die die weit verbreitete Täuschung des Geldes durchschaut haben, und so mit ihrem Geld umgehen, als sei es Gottes Geld, das wir verwalten und einsetzen, um damit wahren Reichtum zu befördern.

WÜRDIG, GELD ZU BESITZEN

Ein Rabbiner fragte einmal einen vermögenden, aber für seinen Geiz bekannten Geschäftsmann:

"Warum gibst du nicht etwas mehr für die Armen?"

"Nun, ich suche noch denjenigen, der tatsächlich in Not ist und wirklich Hilfe braucht. Und wenn ich DEN gefunden habe, dann werde ich ihm auch geben."

"Und was wirst du dem himmlischen Gericht antworten, wenn man dich eines Tages fragen wird, warum der Allmächtige dir Geld gegeben hat, DU dich aber nicht als würdig erwiesen hast, dieses Geld auch zu besitzen?"

Auf dem Weg zur Ewigkeit
(Offenbarung 21,1-7)

LICHT AM ENDE DES TUNNELS?

Krisenzeiten verdunkeln unser Leben. Lieber früher als später würde man doch gerne Krisenzeiten wieder verlassen. Mitten in der Corona-Krise würden wir gerne wieder Licht am Ende des Tunnels sehen. Aber neben solchen gesellschaftlichen Krisen gibt es natürlich noch die vielen persönlichen Krisenerfahrungen. Und manche, die zum Beispiel in einer Krise von Einsamkeit und Traurigkeit stecken, weil ihnen ein lieber Mensch durch den Tod genommen wurde, wagen vielleicht nicht einmal mehr zu hoffen, dass die dunkle Zeit überhaupt ein Ende finden könnte.

Nicht selten greifen die großen gesellschaftlichen Krisen und unsere persönlichen Krisenerfahrungen auch ineinander. Zur Zeit der ersten Christen litten die meisten Menschen zwar nicht unter der Bedrohung durch einen Virus, dafür aber unter der sehr realen Bedrückung durch eine brutale römische Besatzungsmacht. Und diese Bedrückung äußerte sich für Christen irgendwann auch in Bedrängnissen von persönlicher Benachteiligung über Verfolgung und Misshandlung bis hin zum Tod.

In solchen Zeiten Licht am Ende des Tunnels zu sehen, das kann man sich fast kaum vorstellen. Und dennoch gab es immer wieder Leute wie Johannes, die durch den dunklen Tunnel hindurch doch etwas von dem Licht sehen konnten, von der Hoffnung, die aufleuchtet, wenn nicht die Krise das letzte Wort behält, sondern Gottes Handeln.

So konnte Johannes Mut und Hoffnung finden in dem, was er in einer Vision Gott tun sah: "Gott wird alle ihre Tränen abwischen. Es wird keinen Tod mehr geben und keine Traurigkeit, keine Klage und keine Quälerei mehr." (Offenbarung 21,4)

LICHT IN DER FAMILIENKRISE

Zu Mark Twain kam einmal ein 17-jähriger, der in einer tiefen Familienkrise steckte, und erklärte:
"Ich verstehe mich mit meinem Vater nicht mehr. Jeden Tag Streit. Er ist so rückständig, hat keinen Sinn für moderne Ideen. Was soll ich machen? Ich werde das Haus und die Familie verlassen."
Mark Twain antwortete:
"Junger Freund, ich kann Sie so gut verstehen. Als ich 17 Jahre alt war, war mein Vater genauso ungebildet. Es war kein Aushalten. Aber haben Sie Geduld mit so alten Leuten. Sie entwickeln sich langsamer. Nach zehn Jahren, als ich 27 war, da hatte er schon so viel dazugelernt, dass man sich schon ganz vernünftig mit ihm unterhalten konnte. Und was soll ich Ihnen sagen? Heute, wo ich 37 bin, – ob Sie es glauben oder nicht – wenn ich keinen Rat weiß, dann frage ich meinen alten Vater. So können die sich ändern!"

TRÜGERISCHE VERTRÖSTUNG ODER BEGRÜNDETE HOFFNUNG?

Wenn Menschen mitten in einer Krise nicht mehr nur das Leiden, die Bedrohung, die Einsamkeit oder die Traurigkeit sehen, sondern zu hoffen beginnen und gegen allen Augenschein von einem besseren Leben zu träumen wagen, ja es sogar in Visionen sehen: Sind solche Leute dann hoffnungslos realitätsferne Träumer? Sind sie Visionäre bestenfalls, deren Visionen aber zu schön sind für unsere Welt und uns wohl nur auf eine andere Welt vertrösten wollen?

Wenn der Apostel Johannes davon redet, dass Gott in seiner neuen Welt einmal seine Wohnung mitten unter den Menschen haben wird (Offenbarung 21,3), oder wenn der Pfarrer auf dem Friedhof davon redet, dass Jesus vorangegangen ist, um für uns oder geliebte Menschen, die wir aus diesem Leben verabschieden mussten, eine Wohnung im Himmel zu bereiten: Sind das dann auch nur trügerische Vertröstungen auf eine andere Welt nach dieser Welt?

Oder könnte es sein, dass Menschen wie der Apostel Johannes solche Hoffnungsvisionen sehen konnten, weil sie bereits in diesem Leben die Erfahrung gemacht haben, dass Gottes neue Welt und sein Wirken uns nicht erst begegnet und real wird, nachdem unser Leben und unsere Welt vergangen sind, sondern jetzt schon in, mit und unter – quasi parallel zu – unserer Welt erfahrbar sind?

Es scheint doch so: Je mehr ich in diesem Leben, hier und jetzt im Alltag schon Gottes Wirken wahrnehme und erfahre in den kleinen und großen Bedrängnissen und Ausweglosigkeiten des Lebens, desto mehr gewinne ich die begründete Hoffnung und vielleicht auch einen Blick dafür, dass Gott mir und uns zum Heil begegnet, nicht nur in Grenzerfahrungen des Lebens, sondern auch an der Grenze des Lebens selbst. Und das begründet und beflügelt die Hoffnung, dass er mir und meinen Lieben zum Glück auch an und jenseits der großen Grenze des Todes begegnet.

WEGBEGLEITER ZUR EWIGKEIT

Von König Heinrich VIII. wird folgende Geschichte tradiert: Als es sich am Hofe herumgesprochen hatte, dass der König im Sterben lag, schlüpfte der Narr zum König ins Sterbezimmer. Als ihn der König sah, sagte er zu ihm: „Freund, wir müssen nun Abschied nehmen." Der Narr erwiderte: „Ja König, ich habe gehört, du willst verreisen". Der König stöhnte auf: „Ich will nicht, ich muss." Darauf sagte der Hofnarr nachdenklich: „Oh, du musst? Ist einer größer als du, der dir befehlen kann?" Der König seufzte: „Es ist der allmächtige Gott!" Der Narr fragte weiter: „Wann wirst du von deiner großen Reise wiederkommen?" Der König ächzte: „Ich gehe in das Land ohne Wiederkehr, ich komme nimmer wieder." Erstaunt fragte ihn der Narr: „Du gehst in das Land ohne Wiederkehr. Hast du dich denn auf diese große Reise vorbereitet? Hast du eine Wegkarte, einen Wegbegleiter, eine Wegzehrung?" Der König seufzte auf: „Nein, ich habe mich nie um Gott und um die Ewigkeit gekümmert!"

Da legte der Narr dem König das goldene Narrenzepter in die kalten Hände und sagte: „Du, o König, gabst mir das Zepter, und ich sollte es so lange tragen, bis ein größerer Narr als ich in deinem Reiche aufkommen würde, aber es kam keiner. Doch nun gebührt das goldene Narrenzepter dir. Du wusstest, dass du sterben musst und hast dich nicht darauf vorbereitet. Du bist der Größere von uns beiden."

DIE KRAFTQUELLE DES LEBENS ANZAPFEN

Wenn man in einer tiefen Krise steckt, weil einem ein geliebter und vertrauter Mensch durch den Tod genommen wurde, oder weil Auswirkungen der Corona-Pandemie einen selbst plötzlich existentiell angreifen, dann betrifft uns das meist auf ganz verschiedenen Ebenen unseres Seins:

Es stellen sich oftmals ganz praktische Herausforderung wie zum Beispiel die Frage, wie der eigene Alltag in der bedrängenden und bedrückenden Situation neu gestaltet werden kann.

Die viel größere Herausforderung ist nicht selten aber eher seelischer Art: Da ist diese innere Not und Unruhe, die Sorgen und die vielen Gedanken, die mich nicht in Ruhe lassen: Wie kann es denn jetzt weitergehen? Wie soll denn alles werden?

Nicht selten kreisen solche sorgenvollen und deprimierenden Gedanken so sehr in und um uns, dass sie uns auch noch den Schlaf rauben.

Kann man da einen Ausweg finden, wenn die Seele in Sorgen und Nöten zu verdursten droht?

Der Apostel Johannes scheint sich mit dieser Not jedenfalls nicht abfinden zu wollen, denn er hört Gott sagen und schreibt es uns: "Wer durstig ist, dem gebe ich umsonst zu trinken. Ich gebe ihm Wasser aus der Quelle des Lebens." (Offenbarung 21,6)

Wie können wir aber ganz praktisch dieses "Wasser aus der Quelle des Lebens" schöpfen, wenn unsere Seele zu verdursten droht?

Die alten Wüstenväter und -mütter des 4. Jahrhunderts hatten eine ganz schlichte Methode entwickelt, um unsere aufgewühlte Seele zur Ruhe zu führen und bei der Kraftquelle Gottes zu schöpfen: Sie empfehlen, ein kurzes Psalmwort zu nehmen und in allen freien Zeiten (oder schlaflosen Nächten) mit dem eigenen Atmen zu verbinden und so ganz leise mit dem Mund oder innerlich in Gedanken längere Zeit wiederholend zu sprechen – zum Beispiel mit Psalm 23,1:

- beim Einatmen: "Der Herr ist mein Hirte."
- beim Ausatmen: "Mir fehlt nichts."

Und je mehr sich unsere Seele dann an diese Worte anheftet und auf diese Weise die Kraftquelle des Lebens anzapft, desto ruhiger und meist auch heller und hoffnungsvoller wird es in uns – inmitten und trotz aller Dunkelheit, die um uns herum weiterhin bestehen mag.

LEBEN LERNEN

Ein alter Mann bittet den Rabbi um Rat:
"Rabbi, ich bin jetzt alt, habe schon viel Schmerzliches erlebt, und mein Leben geht nun bald zu Ende. Bitte, lehre mich zu sterben."
Darauf der Rabbi:
"Statt lernen zu sterben, lerne lieber zu leben."

Führung in Krisenzeiten
(Sacharja 9,9f.)

MEHR ODER WENIGER ENTSCHEIDEN

Wenn in Tagen großer Corona- und anderer Krisen-Herausforderungen überall darüber diskutiert und debattiert wird, welche Maßnahmen erfolgen müssen, scheint es eine Drift in zwei ganz verschiedene Richtungen zu geben: Die einen kritisieren, dass zu schmerzhafte Maßnahmen beschlossen werden, weil sie dadurch in existentielle Nöte kommen, dass ihre geschäftliche und berufliche Existenz bedroht ist. Die anderen bemängeln, dass zu zurückhaltende Maßnahmen beschlossen werden, weil sie dadurch in existentielle Nöte kommen, dass als Erzieherinnen oder Lehrer ihre gesundheitliche Unversehrtheit bedroht ist.

In den Diskussionen rund um politisches Krisenmanagement scheint eine Hauptfrage darum zu kreisen, wie viel die regierenden Politiker uns als Bevölkerung überhaupt vorschreiben sollen. Wenn die Politiker uns mehr vorschreiben würden, wäre manches leichter, weil uns die Entscheidung einfach abgenommen wäre: z.B. die Frage mit wie vielen Menschen und ob überhaupt wir zusammen als Großfamilie noch Weihnachten feiern sollten. Andererseits bedeuten solche einschränkenden Entscheidungen von "denen da oben" ja immer auch, dass "wir hier unten" Freiheiten verlieren, selbst zu entscheiden.

Angesichts der Art und Weise, wie man in unserem Land bisher mit den Herausforderungen der Corona-Krise umgegangen ist, ist aber wohl eines bemerkenswert: Über Parteigrenzen hinweg scheinen wir mit verantwortlichen Politikern gesegnet zu sein, denen es weniger um die Profilierung der eigenen Partei oder Person geht, sondern vorrangig um die Krisen- und Problembearbeitung zugunsten der Bevölkerung insgesamt.

Vermutlich ist das eine der schwierigsten Herausforderungen für alle Menschen in verantwortlichen Positionen: nicht so viel um sich selbst zu kreisen und darum, wie man bei anderen ankommt, sondern sich darum zu bemühen, den Menschen und ihren Nöten gerecht zu werden.

MEINUNGEN AUSTAUSCHEN

In den 1980er Jahren in Ost-Berlin.

Tim fragt seinen Vater:

"Vater, bitte erkläre mir: Was versteht man eigentlich unter einem Meinungsaustausch?"

"Das kann ich dir leicht erklären: Um einen Meinungsaustausch handelt es sich zum Beispiel, wenn ich mit MEINER Meinung in das Büro des Genossen Parteisekretär gehe und mit SEINER Meinung wieder herauskomme."

TRUMPelig versus beMERKELnswert

Insbesondere in Krisenzeiten, wenn alles Selbstverständliche ins Wanken gerät und das Bedürfnis groß ist, Halt und Verlässlichkeit zu finden, liegt auch die Frage nahe, wie wir als Gesellschaft geführt, geleitet und regiert werden wollen.

Diese Frage haben sich Menschen immer schon gestellt – nicht erst, seit wir in Demokratien unsere Regierungen selbst wählen können. Auch und gerade Menschen, die in Monarchien unter herrschsüchtigen und ungerechten Fürsten und Königen zu leiden hatten, sehnten sich nach Regierenden, die nicht sich selbst und ihren Vorteil, sondern das Wohl ihres Volkes und der ihnen anvertrauten Menschen in den Mittelpunkt ihres Handelns stellen würden.

Auch im antiken Israel hoffte man darauf, dass einmal ein König kommen würde, der nicht auf der Seele seines Volkes herumTRUMPeln, sondern in bemerkenswerter Weise Gerechtigkeit und Frieden zu den Bewohnern seiner Städte bringen würde.

Auch der Prophet Sacharja verstärkte durch seine Prophetien solche Hoffnungen: Den Grund dafür, dass selbst ein großer König nicht als der Größte auftritt, sondern eher bescheiden daherkommt, fand Sacharja darin, dass so ein König zu der demütigen Erkenntnis kommt, dass es noch einen Größeren gibt, dem er sich verantwortlich und in dessen Hand er sein Schicksal weiß (Sacharja 9,9).

Dass nicht ich selbst der (große) König meines Lebens bin, diese Erkenntnis zu begreifen und vertrauend auf den (Gott) zu leben, der mein Leben hält, das fällt aber offenbar nicht nur den großen TRUMPeln dieser Welt schwer. Das ist auch für mich selbst immer wieder eine echte Herausforderung.

WICHTIGE MENSCHEN

Der amerikanische Präsident, die deutsche Bundeskanzlerin und der israelische Präsident werden von Gott zu einem Abendessen eingeladen.

Nach dem Essen ergreift Gott das Wort:

"Ich habe Euch heute eingeladen, um die drei wichtigsten Menschen der Erde darüber zu informieren, dass ich in einem Monat die Welt zerstören werde!"

Die drei Gäste sind schockiert. Sie beschließen, sofort in ihre Heimatländer zurückzureisen.

Unmittelbar nach seiner Ankunft in Washington ruft der amerikanische Präsident sofort seinen Krisenstab zusammen:

"Ich habe leider ZWEI SCHLECHTE Nachrichten. Erstens: Gott existiert wirklich! Zweitens: In einem Monat wird der die Welt zerstören!"

Zurück in Deutschland richtet sich die Kanzlerin in einer Ansprache an die Bevölkerung:

"Ich habe EINE GUTE und EINE SCHLECHTE Nachricht. Erstens die gute: Gott existiert wirklich! Zweitens die schlechte: In einem Monat wird er die Welt zerstören!"

Unmittelbar nach seiner Rückkehr in Israel tritt der israelische Präsident vor das Parlament und sagt:

"Ich habe ZWEI GUTE Nachrichten für euch. Erstens: Ich gehöre zu den drei wichtigsten Menschen der Welt! Zweitens: Sämtliche Probleme mit unseren Nachbarstaaten werden in einem Monat gelöst sein!"

ZU SCHÖN, UM WAHR ZU SEIN

Wenn wir uns alle Jahre wieder im Advent an das Kommen Jesu Christi in unsere Welt erinnern, dann begegnen uns auch Texte aus dem Alten Testament, in denen verheißen wird, dass ein König und Herrscher kommen würde, der Gerechtigkeit und Frieden bringt, dem Gott zur Seite steht und der selbst wiederum demütig vor

Gott sein würde (Sacharja 9,9f.). Autoren des Neuen Testaments wie der Evangelist Matthäus sahen solche Verheißungen dadurch erfüllt, dass Jesus Christus in die Welt gekommen ist (Matthäus 21,4f.).

Für mich stellt sich an dieser Stelle nur die Frage, ob wir das heutzutage auch noch so verstehen und nachvollziehen können?

Können wir in Jesus Christus, auf dessen Ankunft wir uns im Advent vorbereiten, wirklich einen König und Herrscher erkennen, der Gerechtigkeit und Frieden in unsere Welt gebracht hat (und immer noch bringt)?

Manchmal scheinen mir das zwar schöne adventliche Gedanken und Worte zu sein. Aber erfahren wir das friedensstiftende Kommen und Wirken Gottes – wenngleich verborgen – denn auch wirklich und wahrhaftig in unserem Leben und in unserer Welt?

Oder sind das nur adventliche Gedanken, die zu schön sind, um wahr zu sein?

HOFFNUNGSLOS, ABER NICHT ERNST

Während der internationalen Finanzkrise treffen sich zwei alte Freunde. Der eine wohnt in Deutschland, der andere in Israel.

"Wie ist denn die Lage bei euch in Deutschland?" fragt der Israeli neugierig.

"Nun bei uns ist die Lage ernst, aber nicht hoffnungslos. Und wie sieht es bei euch in Israel aus?"

Darauf der Israeli:

"Nun, bei uns ist es genau umgekehrt: hoffnungslos, aber nicht ernst."

FRAGEND-SUCHENDES GEBET

Herr Jesus Christus, wenn ich in den adventlichen Bibeltexten lese, dass Du als der König in diese Welt gekommen bist, der Gerechtigkeit und Frieden bringt, weil ihm Gott zur Seite steht, dann frage ich mich schon, ob das denn stimmt?

Müsste – wenn das wahr ist – unsere Welt nicht friedlicher und gerechter sein?

Hätte Dein eigenes Wirken nicht von größerem Erfolg gekrönt sein müssen?

Aber es scheint doch eher im Gegenteil so, dass Du gerade nicht dem Bild des erfolgreichen Herrschers entsprochen hast:

Du hast zwar Missstände angeprangert und verantwortliche Politiker und Religionsführer kritisiert. Aber damit warst Du ja eher nicht so erfolgreich, sondern dafür haben sie Dir am Ende eine Dornenkrone aufgesetzt.

Dein Wirken bestand kaum in politischen Großtaten, sondern eher in freundlichen Zuwendungen, aufmunternden Worten und heilsamen Gesten.

Herr Jesus Christus, wenn Du wirklich der König bist, von dem der Prophet Sacharja und der Evangelist Matthäus geschrieben haben, dann wirke doch auch heute unter uns, dass wir Frieden und Gerechtigkeit in unserem Leben und in unserem Land erfahren können – in den Herausforderungen und Problemen, die uns gerade persönlich und als Gesellschaft angehen.

Amen.

GEBET AN DER KLAGEMAUER

Als ein in Jerusalem lebender ausländischer Journalist erfährt, dass ein alter Rabbi seit vielen Jahren jeden Tag zweimal zur Klagemauer kommt, um dort zu beten, beschließt er, den Rabbi für einen Artikel zu interviewen. Bereits am nächsten Tag geht der Journalist zur Klagemauer, um auf den Rabbi zu warten. Es dauert auch nicht lange, als er einen alten Mann bemerkt, der zielstrebig auf die Klagemauer zugeht und dort betet. Nachdem der Rabbi mit seinem Gebet fertig ist, spricht der Journalist ihn höflich an und fragt ihn, ob ER der Mann sei, der bereits seit vielen Jahren jeden Tag zweimal an dieser Stelle beten würde.

"Ja, der bin ich: Seit über fünfzig Jahren komme ich jeden Tag zweimal hierher und bete."

"Und für WEN oder für WAS beten Sie?"

"Nun, ich bete für den Frieden zwischen den Juden und den Arabern, ich bete dafür, dass weltweit der Hass ein Ende findet, und ich bete für unsere Kinder, damit sie in Frieden und Freundschaft aufwachsen."

Der Journalist:

"Und wie geht es Ihnen nach all den Jahren?"

Der Rabbi:

"Ich fühle mich, als würde ich reden gegen eine Wand."

Ungeduldig Warten
(Jakobus 5,7f.)

INSTANT GEDULD

Es gibt diese Dinge, die habe ich schon in meiner Kindheit nicht gemocht, und die mag ich jetzt als Erwachsener noch immer nicht. WARTEN zum Beispiel ist so ein Ding.

Früher waren es vor allem mein Geburtstag und Weihnachten, wo ich Warten schlicht unerträglich fand. Die Stunden und Tage schienen sich einfach nicht vorwärts bewegen zu wollen, sondern still zu stehen.

Besonders unerträglich erschien das Warten dann am Heiligabend, wenn auch Tante und Onkel zwar schon eingetroffen waren, aber vor der Bescherung noch alle möglichen und unnötigen Schritte des alljährlichen Familienrituals absolviert werden mussten: Kaffeetrinken und Plätzchenessen, Lesen der Weihnachtsgeschichte, Singen von Weihnachtsliedern …

Angesichts verlockender Geschenke unter dem Weihnachtsbaum alles völlige Zeitverschwendung.

Zum Weihnachtsritual gehörte irgendwann auch – angesichts vermehrt aufkeimender Ungeduld meinerseits – die dann ebenfalls alljährlich wiederkehrende Frage meiner Tante, die sie sich aber immer sofort selbst beantwortete: "Wolfram, was musst Du noch lernen? – Geduld!"

Damals wusste ich allerdings noch nicht, was ich heute weiß, nämlich dass es für solche Situationen unerträglichen Wartens ein ganz schlichtes und hilfreiches Gebet gibt:

"Gott, schenke mir Geduld. Aber bitte: Sofort! Amen."

NOCH IMMER NICHT

Frau Grün, bereits etwas in die Jahre gekommen, bereitet sich auf das Weihnachtsfest vor. Bereits in Abendgarderobe und mit fertigem Make-up betrachtet sie sich im Spiegel.

Zu ihrem Mann sagt sie:

"Du musst doch zugeben: Hübsch bin ich noch immer, nicht?"

"Recht hast du: Hübsch bist du noch immer nicht."

GEDULDIG WARTEN

"Woher weiß ich eigentlich, dass das stimmt mit dem Glauben?", überlege ich, wenn ein vertrauter Mensch stirbt und ich mich frage, ob es ihm da, wo er jetzt ist, wirklich besser geht.

"Woher weiß ich eigentlich, dass das stimmt mit dem Glauben?", frage ich mich, wenn corona- oder organisationsmäßig alles chaotisch drunter und drüber geht und von Gottes Handeln mal wieder weit und breit nichts wahrzunehmen ist.

Manche Christen haben durch die Jahrhunderte hindurch immer wieder mal geglaubt und gehofft, dass Gott mit Macht kommen und dann alles neu machen würde.

Vor 2000 Jahren, da hatte man auch geglaubt und gehofft, dass Gott alles neu machen würde, indem er einen mächtigen Retter für Israel schickt. Aber gekommen ist nur ein Kind, aus dem dann ein bescheidener und friedliebender Rabbi wurde. Seine Anhänger hatten dann später geglaubt und gehofft, dass dieser Jesus noch einmal kommen würde als der Herr der Welt und alles neu machen würde.

Aber bisher ist er so nicht gekommen.

Lohnt es sich denn heute noch, geduldig auf ein machtvolles Kommen Jesu zu warten?

Und was mache ich, während ich geduldig warte?

Vielleicht die Augen offen halten, wo Gott schon zwischendrin unscheinbar und bescheiden zu uns kommt und unter uns wirkt, während ich noch auf sein etwas größeres und gewaltigeres Eingreifen warte.

Als im Sommer alles im Chaos unterzugehen drohte, da hatte ich auch gehofft auf das helfende Eingreifen Gottes.

Und dann kam sie zu uns, blieb bei uns und fing an, unauffällig und friedfertig den Segen Gottes unter uns auszubreiten.

Ob mit ihr unscheinbar und bescheiden bereits Gott zu uns gekommen ist?

Und vielleicht sind da noch andere, durch die Gott mich seine Gegenwart bescheiden und freundlich erfahren lässt, während ich ansonsten noch geduldig warte …

GEDULDIG AUSHALTEN

Während eines schweren Sturms muss Grün sich übergeben. Der Kapitän sieht dies und versucht ihn zu trösten:

"Halten Sie noch ein wenig aus, mein Herr, und haben Sie Geduld! Denn an Seekrankheit ist bis jetzt noch keiner gestorben."

Darauf Grün:

"Sagen Sie bitte so etwas nicht, denn die Hoffnung, dass ich gleich sterben werde, ist im Augenblick das einzige, was mich noch am Leben hält."

WARTEN UNNÖTIG

Es gab mal eine Zeit, da konnten Bauern noch als Vorbild dienen – zum Beispiel dafür, geduldig zu sein, bis etwas Gepflanztes Früchte bringt, oder dafür, zu warten, bis der notwendige Regen sich einstellen würde (Jakobus 5,7).

Heute funktioniert so ein Vorbildvergleich aber offenbar nicht mehr so gut. Hier bei uns in der Vorderpfalz, die man aufgrund des intensiven Gemüseanbaus auch den "Gemüsegarten Deutschlands" nennt, ist nämlich das bäuerliche Warten auf den Regen gar nicht mehr so nötig wie in früheren Zeiten: Seit der Beregnungsverband Vorderpfalz über ein aufwändiges Rohrleitungssystem allen Agrarbetrieben die Bewässerung des großflächigen Gemüseanbaus mit Altrheinwasser ermöglicht hat, ist Regenwasser zwar immer noch ein willkommenes und unerlässliches Nass, aber nicht mehr ein ganz so notwendiges Muss: "Regen nach Maß" ist denn auch der Werbeslogan des Beregnungsverbandes.

Jede Bewässerungsoption ist natürlich – insbesondere in Zeiten zunehmender Trockenheit – ein unglaublicher Segen. Verständlicherweise ist es aber wohl nicht nur beim Regenwasser so, dass es uns und unserer Ungeduld entgegenkommt, wenn wir Phasen des Wartens verkürzen oder Ungewissheiten möglichst minimieren können.

Wer würde noch Unterlagen in einen Briefumschlag stecken, per Post verschicken und dann tagelang auf eine Antwort warten, wenn sich das ganze Hin und Her auch in kürzester Zeit per Email erledigen lässt?

Allerdings: Wenn es um zwischenmenschliche Beziehungen, psychische Prozesse oder auch das Handeln Gottes geht, so scheint an notwendigen Warte-, Wachstums- und Reifezeiten oftmals kein Weg vorbeizuführen, weil unsere Beziehungen und Seelen offenbar immer noch nicht so schnell geworden sind, wie unsere Ungeduld das gerne hätte.

Manchmal allerdings, da wäre es ja schon ganz schön, vorher wenigstens zu wissen, ob sich geduldiges Warten denn überhaupt lohnen wird.

UMSONST GEWARTET?

Schon seit 27 Jahren leben die beiden zusammen.

"Sarah," sagt er da am Frühstückstisch, "sollten wir nicht endlich heiraten?"

Darauf sie:

"Ein schöner Gedanke. Aber meinst du wirklich, UNS würde noch jemand nehmen?"

Vorstellungen von Gottes Handeln (Lukas 1,67-79)

ENT-TÄUSCHTE HOFFNUNG

Wie stelle ich mir das vor, wenn Gott in meinem Leben "auftauchen" würde? … wenn Gott in meinem Leben, im Leben meiner Familie oder in unserer Gesellschaft wirklich erfahrbar werden würde? Wie würde sich das anfühlen? Was würde sich da verändern?

Zacharias, der Vater von Johannes dem Täufer, der als Prophet später auf Jesus als den Messias hinwies, hatte die Vorstellung, dass Gottes Kommen sich unter anderem darin äußern würde, dass Gott sein Volk Israel von den Feinden (damals die römischen Unterdrücker) befreien würde: "dass er uns errettete von unsern Feinden und aus der Hand aller, die uns hassen" (Lukas 1,71).

Nur, so ist Gott dann doch nicht gekommen. Erst schafften die jüdischen Autoritäten Johannes aus dem Weg und später – in Zusammenarbeit mit den römischen Besatzern – dann auch Jesus. Und ein paar Jahrzehnte später zerstörten die Römer zudem auch noch das wichtigste jüdische Heiligtum: den Jerusalemer Tempel (70 n. Chr.).

Heißt das, dass jemand wie Zacharias mit seinen prophetischen Hoffnungen gescheitert ist? Vergeblich auf Gottes heilschaffendes Kommen und sein befreiendes Wirken gewartet?

Wie ist das bei mir, wenn ich optimistisch warte und hoffe, dass Gott in meinem Leben etwas zum Hellen und Glücklichen wendet, das Erhoffte dann aber nicht eintritt? Ist solche Hoffnung dann eine Täuschung gewesen, die durch den Lauf der Dinge ent-täuscht werden musste?

Worauf kann ich hoffen?

OPTIMIST UND PESSIMIST

David fragt seinen Großvater:

"Opa, was ist eigentlich ein Optimist, und was ist ein Pessimist?"

"Das kann ich dir leicht erklären: Ein Optimist ist ein schlecht informierter Pessimist."

"Und warum sagen die Leute, dass es einfacher ist, ein Pessimist zu sein?"

"Nun, weil man öfter recht behält."

VISIONÄR LEBEN

Zacharias, der Vater von Johannes dem Täufer, erhält in prophetischer Weise eine hoffnungsvolle Vision von Dingen, die er Gott in der Zukunft tun sieht, und beschreibt diese in einem Loblied.

Nun, manches von seiner prophetischen Vision hat sich bisher nicht bewahrheitet – anderes wohl schon.

Wenn also Hoffnungen nicht in Erfüllung gehen, sondern ent-täuscht werden, sollen wir dann aufhören zu hoffen? Wenn Visionen sich nicht verwirklichen, sollen wir dann aufhören, visionär zu leben und hoffnungsvoll in die Zukunft zu schauen?

Vielleicht ist es mit großen Visionen ja auch so: Wie in einem zweidimensionalen Bild sieht man Ereignisse auf einer Ebene quasi gleichzeitig, die aber in der dreidimensionalen Wirklichkeit geschichtlich hintereinander liegen.

Zacharias sieht also prophetisch, dass Gott sein Volk von den Feinden befreien wird (Lukas 1,71), und er sieht dann auch, dass Jesus unsere Füße auf den Weg des Friedens richten wird (Lukas 1,79).

Aber möglicherweise ist es zeitlich ja genau andersherum, als es Zacharias in seinem Lied besingt: Zuerst wird Gott unsere Füße auf den Weg des Friedens setzen und den Unfrieden in uns heilen; und erst dann kann Gott auch das Problem mit den äußeren Feinden – vielleicht sogar auf ganz friedvolle Weise – lösen, weil auch wir selbst uns in unserem Innern nicht mehr bekriegen, sondern in Gottes Frieden leben.

INNEN HERAUS

Ein Talmudstudent fragt einen Rabbiner:
"Rabbi, kommt der Frieden eigentlich von innen heraus oder von außen herein?"
Der Rabbiner überlegt eine Weile, dann sagt er:
"Ja!"

LICHT IN DER FINSTERNIS

Es wird immer finsterer: Der Corona-November-Lockdown hat offenbar nicht so viel bewirkt, wie wir erhofft hatten, und so sitzen wir jetzt in der Dezember-Verlängerung.

Und trotzdem wird es immer noch finsterer: Die Infektionszahlen klingen nicht merklich ab und die Zahl der Todesfälle erreicht traurige Höchstwerte.

Kann man da irgendwie noch etwas Positives erwarten? Andererseits: So ganz persönlich muss ich zugeben, dass es bei mir und bei vielen um mich herum doch noch relativ hell ist. Obwohl die Kinder in die Schule gehen, ich als Kita-Geschäftsführer oder meine Frau als Lehrerin, wir alle viele Kontakte haben müssen, sind wir noch gesund.

"Aber wie lange wird das noch so gehen?", fragen wir uns.

Wir haben unvermeidbar noch so viele Kontakte, dass es fast nur als eine Frage von Zeit und Wahrscheinlichkeit erscheint, bis jemand von uns erkrankt.

Existenzbedrohende persönliche oder berufliche Krisen gibt es allerdings nicht erst seit Corona. Und solche haben wir und andere auch schon erleiden und durchleiden müssen.

Da tut es vielleicht gut, sich zu erinnern:

Ja, das Licht, das Gott in seiner Barmherzigkeit durch den Glauben immer wieder hat aufleuchten lassen (Lukas 1,78), das hat auch in der Vergangenheit schon dazu beigetragen, dass dunkle Erfahrungen und Wegstrecken heller und erträglicher wurden, als sie ohne dieses Licht des Glaubens und der Barmherzigkeit gewesen wären.

SCHLIMM, SCHLIMMER, ...

Wir hören es mit systematischer Klarheit:

1. Es ist schlimm.
2. Es ist noch schlimmer.
3. So schlimm ist es nun auch wieder nicht.

GOTT ist eine von uns
(1. Mose 18,1-15)

One Of Us

Wenn Gott zu uns käme, als ein ganz normaler Typ, so quasi als einer von uns: Ob ich ihn dann überhaupt als Gott erkennen würde?

Wenn Gott eines Tages als Teenager in meiner Kirchengemeinde am Konfi-Unterricht teilnehmen und dann auf der Konfi-Freizeit Gitarre spielen würde, würde für sie mit ihrer Band dann auch Platz sein, im Gottesdienst zu spielen, auch wenn da bisher meist nur die Orgel gespielt hat?

Wenn Gott eines Tages auftauchen würde in meinem Ort und sich bei den Presbyteriumswahlen aufstellen ließe, nach der Wahl dann aber in den Sitzungen ständig Positionen vertreten und Verhaltensweisen an den Tag legen würde, die mir unbequem wären, würde ich seine Mitarbeit dann auch weiterhin begrüßen?

Wenn Gott eines Abends (in Nach-Corona-Zeiten) bei uns als Neuer zum Stammtisch käme, sich dann aber – so mein Eindruck – vor allem auf meine Kosten lustig machen würde, würde ich ihn dann weiterhin willkommen heißen, um dann irgendwann zu bemerken, dass hinter seinem vermeintlich mir unangenehmen Humor ein liebevoller Ernst steckt, der es gut mit mir meint?

Wenn Gott jetzt schon als eine von uns unter uns wäre …

An welchen drei Stellen bin ich Gott schon begegnet, ohne es bemerkt zu haben?

BERÜHMTER CHAUFFEUR

Der berühmte Kirchenpräsident – jeder in der Stadt kennt ihn – wird von seinem Chauffeur im neuen Dienstwagen zur Synode gefahren.

Während der Fahrt sagt der Kirchenpräsident zu seinem Fahrer:

"Ich bin schon lange nicht mehr selbst Auto gefahren – bitte lassen Sie mich mal ein kleines Stück fahren!"

Der Chauffeur hat zwar Bedenken, wagt es aber nicht, dem Präsidenten zu widersprechen. Er hält den Wagen an, und man tauscht die Plätze: Der Kirchenpräsident setzt sich hinters Lenkrad und der Chauffeur auf den Rücksitz.

Ein so tolles Auto hat der Präsident noch nie gefahren – und natürlich fährt er viel zu schnell!

So kommt es, wie es kommen muss: Eine Polizeistreife hält den Wagen an.

Doch als sich der Polizist dem Auto nähert und den berühmten Kirchenpräsidenten hinter dem Lenkrad sitzen sieht, dreht er sich sofort um und nimmt über Funk Kontakt mit seinem Vorgesetzten auf:

"Chef, ich habe gerade eine sehr bedeutende Person wegen einer erheblichen Geschwindigkeitsüberschreitung angehalten. Was soll ich jetzt tun?"

"Schreib eine Anzeige!"

"Aber es ist eine wirklich sehr bedeutende Persönlichkeit?!"

"Ist doch ganz egal, zu schnell ist zu schnell. Aber wer ist es denn, ist es etwa der Bürgermeister?"

"Nein, bedeutender!"

"Der Polizeipräsident?"

"Nein, bedeutender!"

"Der Ministerpräsident?"

"Nein, noch bedeutender! Ich kenne ihn zwar nicht persönlich, aber er muss eine außerordentlich bedeutende Persönlichkeit sein. Stellen Sie sich vor: Sein Chauffeur – das ist unser berühmter Kirchenpräsident!"

„So ein Mist!" – Weihnachten
(Lukas 2,1-14)

Weihnachtsgebet – Teil 1

Hallo Gott, in diesem Jahr 2020 ist das mit Weihnachten so eine Sache. Normalerweise wissen wir ja, wie wir Weihnachten ordentlich zu feiern haben – in der Kirche oder zu Hause.

Also, in der Kirche ist das klar, da gibt es die obligatorischen Heiligabend- und Weihnachtsgottesdienste, zu denen außergewöhnlich viele Leute kommen, was natürlich auch irgendwie gut tut, weil man sich als Kirchenmitarbeiter da (wenigstens einmal im Jahr) ein wenig wichtiger vorkommen kann als sonst.

Aber, Gott, Du hast wahrscheinlich mitbekommen, dass das in diesem Jahr etwas schwierig wird: Die ersten Kirchenleitungen haben aufgrund der Corona-Gefährdungslage bereits vor mehr als einer Woche empfohlen, auf alle Präsenzveranstaltungen bis mindestens 10. Januar 2021 zu verzichten; und viele Kirchengemeinden sind dieser Empfehlung mittlerweile gefolgt.

Also, Gott, wenn Du als der große Hirte vorhattest, Deine Schäfchen – wie alle Jahre wieder – auch in diesem Jahr an Heiligabend in der Kirche zu treffen, dann müsstest Du Dich in diesem Jahr an anderer Stelle mit ihnen verabreden. Vielleicht lieber zu Hause? So im kleinen, familiären Kreis?

Ach so, Gott, es ist nur so: Auch das mit den Treffen im weihnachtlich-friedvollen, familiären Kreis ist in diesem Jahr auch nicht überall so gut möglich. Der Hausfriede hängt nämlich in vielen Familien schon seit einiger Zeit ziemlich schief, seitdem die ersten Familienangehörigen – teilweise schon vor Wochen – die Einladung zum Weihnachtstreffen entweder zurückgezogen oder ausgeschlagen haben. Dabei war das doch seit Jahren einer der verlässlichsten Ankerpunkte innerhalb der Familie, mit dessen Hilfe man sich des familiären Zusammenhalts wenigstens einmal im Jahr versichern konnte.

Also, Gott, hast Du vielleicht eine Idee, wie wir auch in diesem Corona-Jahr 2020 noch einen Restbestand von Weihnachtsfreude und Weihnachtsfrieden retten können?

Weihnachtsgebet – Teil 2

Hallo Gott, ich habe mir das mit dem Weihnachtsfrieden und der Weihnachtsfreude noch einmal überlegt und bin dabei auf diese alte Geschichte gestoßen, wie alles angefangen hat.

Aufgrund meiner eigenen Corona-Erfahrung ist mir dabei in diesem Jahr eine Sache so deutlich geworden wie nie zuvor: Nicht nur für uns wird im Jahr 2020 Weihnachten ganz anders ablaufen, als wir uns das vorgestellt haben. Auch für Maria als eine der Hauptpersonen in Deiner ersten Weihnachtsgeschichte lief offenbar ja auch bei der Geburt ihres ersten Kindes manches anders ab, als sie das erwartet und erhofft haben wird.

Das fängt schon an mit dieser Sache rund um den Familienfrieden.

Also, Gott, ich stelle mir das jetzt mal ganz konkret vor, dass Maria und Josef da in Nazareth gewohnt haben – bestimmt in der Nähe von Marias Familie und

Freunden. Und dann, als das Gesetz zur Volkszählung von den römischen Besatzern kam, da musste sie mit Josef nach Bethlehem, wo Josef ursprünglich her war.

Aber jetzt kommt's: Obwohl Bethlehem Josefs Dorf war, hatte man dort keinen ordentlichen Platz für das junge Paar, geschweige denn für die hochschwangere Maria. Und spätestens an dieser Stelle hätte Maria doch allen Grund gehabt, auf Josef, seine Familie und seine alten Freunde stinksauer zu sein, dass man für sie und ihr Baby nichts Besseres als so eine Futterkrippe übrig hatte.

Und wenn Josef in Bethlehem gar keine Familie und auch keine alten Freunde gehabt hatte?

Gott, ich glaube, dann wäre ich an Marias Stelle zumindest auf Dich ziemlich sauer gewesen, dass Du Dir das mit der Planung des ersten Weihnachtsfestes nicht besser überlegt hattest.

Ich kann mir einfach nicht vorstellen, dass Maria ihr Baby da in so eine Futterkrippe legte (anstatt in irgendeine Form von Bett) und dachte: "Ach, ist das schön romantisch hier!"

Ganz ehrlich, Gott, ich vermute, dass Maria ganz andere Gedanken durch den Kopf gegangen sind. Eher so was wie: "So ein Mist! Der ganze Dreck hier. Irgendwie hatte ich mir das mit der Geburt meines ersten Kindes ganz anders vorgestellt."

Gott, ich gebe zu, eines muss ich Dir zugute halten: Du hattest Maria vorgewarnt. Du hattest ihr, noch bevor das mit ihrer Schwangerschaft losging, einen Engel geschickt und sie gewarnt, dass Du ihr Leben ins Chaos stürzen würdest.

Und Maria hatte damals dann tatsächlich gesagt: "Ja, okay. Ich mache da mit."

Und jetzt frage ich mich natürlich, oder besser: Gott, ich frage Dich: Begegnest Du eigentlich heute noch Leuten so, wie Du damals Maria begegnet bist?

Weihnachtsgebet – Teil 3

Hallo Gott, ich wollte noch einmal auf die Frage zurückkommen, ob Du Leuten heutzutage eigentlich auch noch so begegnest wie Du damals Maria begegnet bist?

Wäre ja schon schön, wenn Du heute mal hin und wieder einen Engel vorbeischicken würdest, damit ich weiß, woran ich bin, wenn mal wieder irgendwas außergewöhnlich Chaotisches in meinem Leben passiert.

Aber ich habe den Eindruck, dass Du in meinem Leben eher nur so komische Typen wie die Hirten vorbeischickst, die Maria da – anstelle irgendwelcher Verwandten – zur Geburt ihres ersten Kindes gratuliert haben.

Begegnest Du uns heute eigentlich überhaupt noch, Gott, so wie damals Maria? Redest Du noch zu uns, so dass wir wissen können, was dran ist?

Da gibt es ja diesen Witz aus den Tagen des ersten Corona-Lockdowns:

Geht ein Pfälzer im Wald spazieren und trifft Gott.

Fragt der Pfälzer: "Gott, was machst Du hier?"

Antwortet Gott: "Homeoffice!"

Gott, wenn das wahr ist, dann müsste momentan ja gerade hier in der Pfalz eine erhöhte Wahrscheinlichkeit bestehen, Dich im Wald zu treffen. Und das wiederum trifft sich ja auch ganz gut, wenn Kirchen wegen der

Corona-Infektionslage gerade keine Gottesdienste anbieten.

Und das wiederum, Gott, erinnert mich daran, dass Jesus, an dessen Geburt wir uns ja am Weihnachtsfest erinnern, bevor er dann als Erwachsener mit seinem öffentlichen Wirken begann, auch gar nicht in den Tempel ging, um am Ende Deinen Engeln zu begegnen, sondern in die Wüste.

Zugegeben: Bevor Jesus in der Wüste den Engeln begegnete und sie ihm dienten, begegnete er in der Stille und Einsamkeit erst einmal dem Teufel.

Vielleicht ist das auch einer der tieferen Gründe, warum ich und wir lieber den Trubel von Weihnachtsgottesdiensten und Familienfeiern haben als die stillen Stunden, die so ein Lockdown mit sich bringt; weil wir in der Stille – bevor wir Dir, Gott, und Deinen Engeln begegnen – erst einmal den dunklen Seiten unserer selbst und unserer Wirklichkeit begegnen.

Ach so, Gott, zurück noch einmal zu Maria: Sie hatte offenbar eingewilligt, bei Deiner etwas ungewöhnlichen Weihnachtsplanung mitzumachen – mit den Worten: "Lass es so geschehen." (Lukas 1,38)

Im Englischen konnten die Beatles einige Jahrhunderte später dann aus dieser Antwort Marias einen Song komponieren und damit einen Welthit landen: "Let it be!"

Ich bin gespannt, Gott, was Du aus diesem verkorksten Weihnachtsfest 2020 noch Gutes werden lassen kannst. Let it be!

Glauben (er)leben: Den guten Mächten auf die Spur kommen

Als Dietrich Bonhoeffer die Verse und Strophen des Gedichtes „Von guten Mächten" zum Jahreswechsel 1944/45 für seine Verlobte und seine Familie schrieb, da saß er nicht gemütlich an seinem Schreibtisch in seinem Arbeitszimmer, sondern in einer ungemütlichen Gefängniszelle der Nazis.

Wie konnte Bonhoeffer zu so einem vertrauenden Glauben kommen, durch den er auch in schweren Zeiten Halt fand?

So ein konkret erfahrbarer Glaube ist bei Bonhoeffer im Laufe seines Lebens aufgrund einer Vielzahl von Erfahrungen gewachsen. Von solchen Erfahrungsbereichen möchte ich exemplarisch auf zwei eingehen und mich selbst davon auf meinem Weg des Glaubens anregen lassen:

Gemeinschaft und Gottesdienste

Einen ganz wesentlichen Zugang zur Welt des christlichen Glaubens erhielt Dietrich Bonhoeffer durch die Erziehung im Rahmen seines zwar kirchendistanzierten, aber doch christlich geprägten Elternhauses. Darüber hinaus war es das Miterleben von für ihn außergewöhnlichen Gottesdiensten anderer kirchlicher Traditionen als der eigenen evangelisch-landeskirchlichen, die Bonhoeffer zu neuen Eindrücken und Fragen anregten.

Das Miterleben und Mitfeiern römisch-katholischer Gottesdienste bewegte Bonhoeffer, der selbst als Protestant aufgewachsen und geprägt war, auf seiner Romreise im Jahr 1924 zu der Frage, was denn eigentlich

Kirche ist. Eine Frage, zu der er dann seine Doktorarbeit schrieb und die ihn sein Leben lang weiter begleitete.

Während eines einjährigen Studienaufenthaltes in New York am Union Theological Seminary erlebte Bonhoeffer, angeregt durch die Einladung neu gewonnener Freunde, Gottesdienste einer „schwarzen" Baptistengemeinde in Harlem mit, die in einem ganz anderen, viel lockereren und lebendigeren Stil daherkamen, als Bonhoeffer das bis dahin von den klassischen evangelischen Gottesdiensten gewohnt war. Unter anderem solche Gottesdiensterfahrungen waren es, durch die Bonhoeffer zu einem persönlich gelebten Glauben an Jesus Christus bewegt wurde.

Wenn nun nach der Phase von Corona-Lockdowns und Gottesdienstbeschränkungen irgendwann auch wieder mehr Veranstaltungen und ihr Besuch (gefahrlos) möglich sind: Für manchen würde es sich vielleicht lohnen, auch mal eine andere Form von Gottesdienst zu besuchen, als die, die wir als den klassischen evangelischen Sonntagsgottesdienst immer schon kennen.

Unter anderem aus diesem Grund haben wir in Fußgönheim und Schauernheim vor vielen Jahren damit begonnen, neben den traditionellen Gottesdiensten unseren modernen, etwas lockereren Punkt11-Gottesdienst regelmäßig anzubieten, in dem persönliche Beiträge, zeitgemäße Musik und freundschaftlicher Austausch nach dem Gottesdienst wichtige Elemente sind.

Die Bibel als „Liebesbrief Gottes"

Die Entdeckung der persönlichen Dimension des Glaubens und der vertrauenden Beziehung zu Jesus Christus führte für Dietrich Bonhoeffer auch zu einem veränderten Umgang mit der Bibel: Die Bibel war für Bonhoeffer bis dahin über weite Strecken seines akademischen und beruflichen Lebens als eine Sammlung historischer Dokumente eher ein Gegenstand wissenschaftlich-theologischer Forschung sowie der pfarrdienstlichen Predigt- und Vortragsausarbeitung.

Daneben trat nun aber ein weiterer Zugang zur Bibel: Bonhoeffer verstand die Bibel mehr und mehr als ein Buch, durch das Gott selbst zu ihm persönlich reden wollte. Er las die Bibel mehr und mehr mit der persönlichen Frage, was Gott denn ihm selbst – im Sinne eines an ihn gerichteten Liebesbriefes – durch die alten Worte mitteilen wolle.

So ist es auch für mich ein wesentlicher Aspekt meines Glaubenslebens und auch jeder Predigtvorbereitung geworden, die Bibel mit der an Gott gerichteten Frage zu lesen: „Gott, gibt es etwas, das du mir durch diesen Bibeltext sagen willst? Und wenn ja, was ist das?"

Zugegeben, nicht alle Bibeltexte eignen sich für so einen persönlichen Zugang gleichermaßen. Aber ein empfehlenswerter Einstieg, mit dem man gut anfangen kann, sind die Psalmen, das Gebetbuch der Bibel. Hier kann man sich mitnehmen lassen von einer Vielzahl unterschiedlicher Gebetsformen zu einer reichen Form von Ausdrucksweisen, wie man die eigenen Anliegen vor Gott bringen kann: nicht nur als Dank und Lob, wenn es im Leben gerade gut läuft, sondern auch als Bitte und Klage, wenn momentan mal alles ganz anders läuft, als man sich das erhofft hatte …

Das Paradoxe aushalten

Und wenn uns in unsicheren Zeiten beispielsweise durch Corona-Herausforderungen manchmal das sichere Urteil dafür verloren geht, was jetzt eigentlich dran ist, dann ist das eine Erfahrung, die Dietrich Bonhoeffer ebenfalls zu Hauf in seinem Leben in der Zeit der nationalsozialistischen Herrschaft und den damit für ihn als Christ gegebenen Herausforderungen machen musste. Vielleicht hilft es uns ein wenig, wenn wir uns in Erinnerung rufen, dass das Leben als Christ eigentlich immer damit verbunden ist, Paradoxien auszuhalten und mit ihnen zu leben, worauf der nachfolgende Text aufmerksam macht, dessen Verfasser mir leider nicht bekannt ist:

Stark genug, schwach zu sein;
Erfolgreich genug, zu versagen;
Eifrig genug, sich Zeit zu nehmen;
Weise genug, zu sagen: „Ich weiß es nicht";
Ernsthaft genug, zu lachen;
Wissend genug, zu sagen: „Ich irre mich";
Konservativ genug, freizügig zu sein;
Reif genug; kindlich zu sein;
Gerechtfertigt genug, ein Sünder zu sein;
Wichtig genug, der Letzte zu sein;
Mutig genug, Gott zu vertrauen;
Organisiert genug, spontan zu sein;
Kontrolliert genug, flexibel zu sein;
Frei genug, Einschränkungen zu erdulden;
Selbstsicher genug, zurückgewiesen zu werden;
Ausgeglichen genug, zu verlieren;
Fleißig genug, sich zu entspannen.

Literatur

Witze und Anekdoten, wie sie in diesen Querdachten immer wieder auftauchen, sind Allgemeingut der jüdischen und christlichen Humorkultur. Wer daran Freude hat und sich noch mehr solche erfrischende Witze und Anekdoten oder auch begleitende theologische Reflexionen zu Gemüte führen will, dem seien folgende Bücher zur weiteren Lektüre und Erheiterung empfohlen, aus denen auch Witze und Anekdoten diese Buches entnommen sind:

- Arno Backhaus, Lache, und die Welt lacht mit dir! Schnarche, und du schläfst allein! Arnos Spaßtraktate Nr. 1, Moers 2012.
- Arno Backhaus, Lieber Lachfalten als Tränensäcke. Arnos Spaßtraktate Nr. 2, Moers 2013.
- Arno Backhaus, Lache über deine Nächsten wie dich selbst. Arnos Spaßtraktate Nr. 3, Moers 2011.
- Werner Thiede, Das verheißene Lachen. Humor in theologischer Perspektive, Göttingen 1986.
- Hans Werner Wüst, „… wenn wir nur alle gesund sind!" Jüdische Witze, Stuttgart 2017.

Der Autor

Wolfram Kerner ist Diplom-Bauingenieur (FH Lübeck) sowie Diplom-Theologe (Uni Mainz), Master of Theology (PTS Princeton) und Doktor der Theologie (Uni Heidelberg). An der Uni Heidelberg unterrichtete er Systematische Theologie und Religionspädagogik als Tutor, wissenschaftlicher Mitarbeiter und akademischer Rat.

Zu der Erkenntnis, dass HUMOR bedeutet, sich selbst weniger, dafür aber GOTT MEHR WICHTIG zu nehmen, führte ihn vor allem seine Tätigkeit als geschäftsführender Pfarrer der beiden Kirchengemeinden Fußgönheim und Schauernheim mit zugehörigen Kindertagesstätten. Und nicht zu vergessen: Das Familienleben mit seiner Frau und seinen zwei Kindern!

Viel Spaß bereitet ihm darüber hinaus die Produktion von TheoLogo-Videotutorials über Gott und die Welt, Glaube und Kirche, Theologie und Spiritualität, die sich leicht über folgende Internetadressen erreichen lassen:

- www.theologo.org (eigenständige Website)
- www.theologo.de (YouTube-Channel).

Dort finden sich viele kostenfreie Videotutorials, die Themen dieses Buches aufgreifen und weiterführen.